XING – Das Buch

Stephan Lamprecht arbeitet als Journalist und Autor in Ahrensburg bei Hamburg. Seine Schwerpunkte bilden die Themen Social Software, Blogs und Linux.

Stephan Lamprecht

XING – Das Buch

Netzwerken leicht gemacht

2., aktualisierte Auflage

Heise

Stephan Lamprecht
stephan@lamprecht.net

Lektorat: Dr. Michael Barabas
Copy-Editing: Alexander Reischert, Köln
Herstellung: Birgit Bäuerlein
Umschlaggestaltung: Helmut Kraus, www.exclam.de
Druck und Bindung: Koninklijke Wöhrmann B.V., Zutphen, Niederlande

Bibliografische Information Der Deutschen Bibliothek
Die Deutsche Bibliothek verzeichnet diese Publikation in der Deutschen Nationalbibliografie; detaillierte bibliografische Daten sind im Internet über <http://dnb.ddb.de> abrufbar.

ISBN 978-3-936931-43-3

2., aktualisierte Auflage 2007

5 4 3 2 1 0

Vorwort

XING – das ist eine faszinierende Plattform voller Möglichkeiten, Kontakte zu pflegen, anzubahnen und mit interessanten Menschen zu diskutieren, aber auch Spaß zu haben. Noch bevor Begriffe wie »Web 2.0« oder »Social Software« geprägt wurden, hatte XING (damals noch als OpenBC) bereits seine Pforten geöffnet. Viel Feind, viel Ehr'! Die Idee von XING, dem zur Niederschrift dieses Buches bereits knapp 1,7 Millionen Menschen angehören, hat inzwischen zahlreiche Nachahmer gefunden. Den vielen durchdachten Funktionen der Plattform ist jedoch anzumerken, dass sie auf lange Erfahrungen zurückgehen. Nachdem ich mich zu einer Mitgliedschaft entschlossen und mich intensiver mit dem Netzwerk beschäftigt hatte, stieß ich fast täglich auf neue Funktionen und Möglichkeiten. Damit war die Idee zu diesem Buch geboren!

Ich freue mich sehr, Ihnen mit diesem Werk das erste Buch zu XING präsentieren zu dürfen, noch dazu eines, das mit offizieller Unterstützung durch die Betreiber entstanden ist. Dem Team dort gilt mein herzliches Dankeschön für die Anregungen und die Möglichkeit, mir auch Funktionen wie das persönliche Adressbuch bereits im Betastadium ansehen zu können.

Ein Hinweis zu den Inhalten in diesem Buch: Ich habe hier die Funktionen und das Sollverhalten beschrieben, die Ihnen im Rahmen einer Premium-Mitgliedschaft offen stehen. Meiner Meinung nach spielt das Netzwerk seine Vorteile erst mit dieser kostenpflichtigen Mitgliedschaft so richtig aus. Probieren Sie es doch einfach mal aus!

Nun möchte ich Sie aber auch nicht länger von der Lektüre abhalten. Ich wünsche Ihnen viele Anregungen und vor allem viele neue Kontakte mit XING!

Ahrensburg bei Hamburg im März 2007
Stephan Lamprecht

Inhaltsverzeichnis

1 Einige Worte zum Thema Networking

Einschlägige Ratgeber zum Thema Networking bemühen sich meist zunächst darum, gute und schlechte Formen des Netzwerkens zu unterscheiden, wobei Einigkeit in der Ablehnung so genannter Seilschaften besteht. Darunter versteht man Bündnisse und Netzwerke, die es sich zum Ziel gesetzt haben, ihre Mitglieder zum wechselseitigen Nutzen in einflussreiche Positionen zu befördern. Interessanterweise lesen sich dennoch in so einigen Ratgebern die Tipps und Tricks wie Anleitungen zur Einrichtung solcher Seilschaften. So wird etwa postuliert, dass man sich Ziele für das Networking setzen und seine Zeit nicht mit Menschen vertrödeln sollte, die einen beruflich doch nicht voranbringen. Im Zentrum scheint weniger der Gedanke des Networkings zu stehen, als vielmehr der Grundgedanke, sich anderer Menschen zu bedienen, um Karriere zu machen.

Wer sich aber auf die Suche nach den Grundlagen des Begriffs Networkers macht, gelangt zur Wissenschaft der Soziologie, die in einem Networker lediglich ganz wertfrei den Teilnehmer in einem sozialen Netzwerk sieht. Von der Planung, die Gunst eines Menschen gezielt zu erringen oder sich wechselseitig voranzubringen, steht da nichts. Es spricht überhaupt nichts dagegen, wenn Sie sich das Ziel setzen, eine bestimmte Person kennen zulernen. Fragwürdiger wird das Vorhaben meiner Ansicht nach aber dann, wenn Sie sich dieses Ziel lediglich deshalb stecken, weil Ihnen diese Person einen Gefallen tun soll, oder Sie umgekehrt eine Person nur deshalb zurückweisen, weil Sie der Meinung sind, dass sie Ihnen nichts nutzt. Ähnlich wertfrei möchte ich das Networking auch in diesem Buch verstanden wissen.

Um Beziehungen geht es freilich beim Networking. Das vielleicht bereits altertümlich wirkende Wort der Beziehung beschreibt meiner Ansicht nach am eindrucksvollsten, dass es sich um Kontakte zwischen Menschen handelt. Beim Networking geht es nicht um den Einsatz von

Gütern oder Werkzeugen, sondern um Menschen! Das bedeutet nicht, dass Sie keine Vorteile aus Ihrem Beziehungsnetzwerk ziehen können. Aber was Sie für sich selbst aus einem Netzwerk mitnehmen, ist naturgemäß davon abhängig, was Sie sich von Ihrem Netzwerk versprechen. Und das führt zur Frage, welche Dimensionen der Beziehungspflege es eigentlich gibt.

Dimensionen des Networkings

- **Austausch und Erwerb von Wissen:**
  Ein Netzwerk kann zum Austausch und Aufbau von Wissen genutzt werden. Netzwerker tauschen bisweilen auch schon einmal Informationen aus, die nicht für die breite Öffentlichkeit bestimmt sind – ein Wissensvorsprung, der sich bisweilen auszahlt. Networking kann aber auch der Weitergabe und dem Austausch von Erfahrungen dienen: Ist das Angebot des Dienstleisters nun wirklich so günstig, wie es scheint? Welche Erfahrungen haben andere mit dem gleichen Unternehmen oder in der gleichen Aufgabenstellung gemacht? Schon allein den Austausch solcher Erfahrungen zu verfolgen, kann inspirierend sein und einen selber auf neue Lösungen bringen. Die Weitergabe von Wissen ist in einer Gesellschaft, die sich selbst gern als Informationsgesellschaft bezeichnet, eine nicht zu unterschätzende Aufgabenstellung, die letztlich in vielen Unternehmen zu einem mehr oder weniger funktionierenden Wissensmanagement geführt hat.
- **Suchen und Besetzen von offenen Stellen:**
  Gerade die Besetzung offener Positionen ist für Unternehmen immer Chance und Risiko zugleich. Was, wenn der erfolgversprechende Kandidat doch nicht über die erhofften Qualifikationen verfügt oder schlicht nicht zum Stellenprofil »passt«? Dann wurden die Kosten für die Personalsuche vergeblich aufgewendet. Gerade Vakanzen in besonders exponierter Stellung werden aber zumeist gar nicht öffentlich ausgeschrieben. Hier erfolgt die Besetzung über Personalberater und eben oftmals über Empfehlungen. In persönlichen Gesprächen erhält man häufig Hinweise, in welchem Unternehmen gerade spannende neue Herausforderungen angeboten werden, und kann unter Umständen zur erfolgreichen Besetzung der Position beitragen, weil jemand aus dem eigenen Netzwerk absolut geeignet für die Position erscheint.
- **Suchen und Binden von Kunden:**
  Unabhängig davon, ob Sie nun selbstständig sind oder als Angestellter im Vertrieb arbeiten, ist das Suchen von Interessenten und damit zukünftigen Kunden eine wichtige Aufgabenstellung. Ist der

Kunde gefunden, müssen Sie versuchen, diesen an sich zu binden. Die Zeit und Arbeit, die Sie darin investieren, lohnt sich. Wenn Sie genauer vergleichen, stellen Sie fest, dass der Aufwand dafür, einen Kunden zu binden, deutlich geringer ist, als einen neuen Kunden zu gewinnen oder einen Interessenten für sich zu begeistern.

- **Persönliche Unterstützung erhalten und geben:**
  Jeder, der sich selbstständig gemacht hat, erinnert sich an seine erste Zeit zurück. Die vielen Formalitäten, die zu erledigen waren, die Selbstzweifel, ob dies der richtige Weg gewesen ist, das Mühen um die ersten Kunden. Nicht nur der Schritt in die Selbstständigkeit kann ein wichtiger Schritt im eigenen Leben sein, zu dessen Bewältigung man sich gern die Unterstützung anderer Menschen wünscht(e), die das gleiche erlebt haben. Ein gutes Netzwerk macht sich auch in einem solchen Fall bezahlt. Aufmerksames Beobachten oder die Teilnahme an Gesprächen fördert auch für Sie Menschen zutage, deren Expertenwissen Sie nutzen können. Beobachten Sie auch aufmerksam die Termine in Ihrer Stadt oder in unmittelbarer Nähe. Die Chancen stehen gut, dass in dem reichhaltigen Angebot auch Veranstaltungen dabei sind, die Sie weiterbringen. Mit Ihrem Besuch werden Sie nicht nur nutzbringende Informationen erhalten, sondern haben zusätzlich noch die Chance, persönliche Kontakte vor Ort zu knüpfen.
- **Empfehlungen aussprechen und erhalten:**
  Wir alle verlassen uns gern auf den Rat von Freunden und Bekannten, wenn wir in einer Sache unsicher sind. Das kann so etwas Triviales sein, wie die Anschaffung eines Fernsehers oder Autos, aber auch schwerwiegendere Entscheidungen, wie die Suche nach einem passenden Dienstleister. Ersuchen Sie doch die Mitglieder Ihres Netzwerks um Rat, wenn Sie nicht weiterwissen.
- **Spaß und Unterhaltung:**
  Es hat Sie beruflich in eine neue Stadt verschlagen und nun suchen Sie nach Anschluss und netten Menschen, um Ihre Freizeit mit ihnen zu verbringen? Sie sind in erster Linie auf der Suche nach Spaß und Unterhaltung, interessanten Gesprächen und kulturellen Eindrücken? Eine der schönsten Formen der Beziehungspflege ist sicherlich, gemeinsam unterhalten zu werden. Aus diesem Ansatz können sich immer wieder neue Freund- und Bekanntschaften entwickeln. Interessante Menschen und interessante Gespräche warten auf Sie. Sie müssen lediglich die Chance ergreifen. Schauen Sie sich um, ob nicht interessante Veranstaltungen in Ihrer Nähe abgehalten werden, deren Besuch sich lohnt!

1.1 Grundlagen für erfolgreiches Networking

Die Plattform XING bietet reichlich Unterstützung, um erfolgreiches Networking zu betreiben. Dazu braucht es aber einige wenige Grundlagen und Techniken. Zunächst: Machen Sie sich bewusst, dass Sie nicht bei »null« anfangen. Sie sind bereits ein Teil eines Netzwerks, das aus Freunden, Bekannten, Verwandten und Kunden besteht. Nehmen Sie sich ruhig einmal die Zeit und versuchen Sie mithilfe einer Mindmap Ihr bestehendes Netzwerk aufzuzeichnen.

Machen Sie sich Ihr bestehendes Netzwerk bewusst

Dieses bewusste Nachdenken hilft Ihnen mit Sicherheit dabei, sich an Gesprächspartner, vernachlässigte Freunde oder Geschäftspartner zu erinnern. Sicherlich werden auch Sie davon überrascht sein, wie viele Menschen Sie bereits einmal kennen gelernt haben und wie viele dieser Kontakte lohnenswert sein könnten, intensiviert oder reaktiviert zu werden. Die Suchfunktionen von XING sowie das Plugin für Outlook helfen Ihnen dabei, einerseits Mitglieder unter Ihren Kontakten zu finden, zum anderen aber auch Ihre bestehenden Kontakte zu XING einzuladen. Gerade das Vermitteln von Kontakten, also das Vorstellen zwischen Teilnehmern Ihres Netzwerks, erledigen Sie in XING sehr komfortabel und schnell. Durchsuchen Sie also in Ruhe das Netzwerk, um Ihnen bereits bekannte Personen zu finden. Je mehr Ihrer bisherigen Kontakte Sie davon überzeugen können, ebenfalls Mitglied bei XING zu werden, umso besser. Denn einerseits werden auch Ihre Kontakte das Gleiche tun, womit sich Ihnen ohne Zweifel eine riesige Chance bietet, interessante Personen kennen zu lernen, andererseits haben Sie das leidige Problem des Aktualisierens von Kontaktdaten elegant gelöst, denn mit XING verfügen Sie über ein sich selbst aktualisierendes Adressbuch.

Alte Kontakte reaktivieren

Eine sehr gute Möglichkeit, sein Netzwerk zu vergrößern, liegt in der Reaktivierung alter Kontakte. Dies ist aber unter Umständen keine so leichte Aufgabe, je nachdem, wie viel Zeit seit dem letzten Kontakt vergangen ist und wie nahe Sie dem Menschen einmal gestanden haben. Meist ist ja nicht eine Seite allein schuld, wenn ein Kontakt einschläft; überprüfen Sie dennoch, ob sich die andere Person weiter um Sie bemühte, während Sie sich zurückgezogen haben. Denn dieses Zurückziehen kann, muss aber nicht wie eine Zurückweisung der Person gewirkt haben. Wenn Sie Versäumnisse Ihrerseits festgestellt haben, gehen Sie ehrlich und offen damit um. Wenn Sie sich bei der Person erneut melden, entschuldigen Sie sich dafür. Erläutern Sie ruhig, ohne zu weitschweifig zu sein, warum sich Ihrer beider Wege getrennt haben. Erinnern Sie an Gemeinsamkeiten und artikulieren

Sie, warum Sie den Kontakt gern wieder reaktivieren wollen. Hüten Sie sich aber vor Versprechungen, die Sie dann doch vielleicht nicht halten können. Stellen Sie z.B. dann nicht ein monatliches Treffen in Aussicht, wenn Ihr Beruf Ihnen wenig Raum für solche Regelmäßigkeiten lässt. Haben Sie über XING einen alten Kontakt gefunden und hat dieser Ihren Kontaktwunsch bestätigt, haben Sie einen ersten wichtigen Schritt getan, um diesen Kontakt nun auch zu pflegen.

Anlässe, sich ins Gespräch zu bringen

Anlässe, um sich bei einem Kontakt in Erinnerung zu bringen, gibt es genügend. Ihrer Kreativität sind dabei keine Grenzen gesetzt. Denken Sie etwa an Namens- und andere Ehrentage, zu denen man eine kurze persönliche Nachricht versenden kann und sollte. Verzichten Sie nicht darauf, bloß weil Sie dies als nicht originell empfinden. Es kommt hier auf die Geste selbst an. Natürlich weiß auch Ihr Kontakt, dass XING Ihnen seinen Geburtstag, sofern dieser freigegeben wurde, automatisch anzeigen kann, aber wirklich darauf zu reagieren geht ja einen Schritt weiter. Seien Sie freigiebig, etwa was Informationen anbelangt. Wissen Sie etwa davon, dass ein Mitglied Ihres Netzwerks einem speziellen Hobby frönt oder sich sein Partner für ein Thema besonders interessiert, bietet es sich an, einen interessanten Artikel, auf den Sie gestoßen sind, weiterzugeben. Vielleicht haben Sie ja auch eine dazu passende Internetseite beim Surfen entdeckt? Dann freut sich Ihr Kontakt vielleicht darüber, wenn Sie ihm diesen zuschicken. Ihrem Ideenreichtum sind hier keine Grenzen gesetzt.

Menschen danken und loben

Eine weitere wichtige Grundlage für die erfolgreiche Pflege ist die Bereitschaft, Menschen zu danken und sie zu loben. Das mag trivial klingen, nach meiner Erfahrung fällt dies aber vielen Menschen erstaunlich schwer. Natürlich soll hier nicht die Rede von bloßer Schmeichelei sein. Mit etwas Nachdenken und Fantasie werden Sie aber auch hier gute Gelegenheiten finden, die Beziehung zu pflegen oder zu intensivieren! Ist jemand aus Ihrem Netzwerk befördert worden? Dann senden Sie doch direkt in XING einen kurzen Glückwunsch ab. Wünschen Sie alles Gute und äußern Sie ruhig direkt, dass Sie sich für die Person freuen und ihm diesen Karriereschritt gönnen. Mit der Powersuche finden Sie in XING ein wunderbares Werkzeug vor, dank dem Sie sich mit wenigen Mausklicks darüber informieren können, bei welchem Ihrer Kontakte eine berufliche Veränderung eingetreten ist. Und schon haben Sie erneut einen Anlass gefunden, um sich in Erinnerung zu bringen. Auch das Bedanken gehört zur Beziehungspflege: Haben Sie Glückwünsche erhalten? Dann bedanken Sie sich dafür und zeigen Sie dem anderen, dass Sie diese Geste zu schätzen wissen. Hat Ihnen der Ratschlag eines Teilnehmers in einer Gruppe weitergeholfen? Dann bedanken Sie sich dafür! Wenn Sie etwas von einem Mitglied Ihres Netzwerks erhalten haben, sollte das Danken zu einer Selbstverständlichkeit werden. Dies gilt umso mehr auch für Dinge und Informationen, die Sie von Personen bekommen haben, die noch nicht Teil Ihres eigentlichen Netzwerks sind, denn damit bietet sich vielleicht der Einstieg zur Intensivierung oder dem Aufbau eines Kontakts.

Wie XING Sie mit seinen Funktionen beim Networking unterstützt, möchte ich Ihnen einmal anhand eines idealtypischen Tages zeigen:

Ein Tag mit XING

9:00 Uhr: Ich logge mich bei XING ein. Auf der Startseite schaue ich zunächst nach, welcher meiner Kontakte an diesem Tag Geburtstag hat. Wie Sie die Profilseite so einrichten, dass auch Ihnen diese Information angezeigt wird, erfahren Sie in Kapitel 13.

9:05 Uhr: Tatsächlich feiert heute einer meiner Kontakte seinen 35. Geburtstag. Da will ich doch schnell einen kurzen Gruß schreiben. Nach dem Aufruf seiner Profilseite nutze ich die Funktion, ihm eine Mitteilung zu schreiben. Das Versenden persönlicher Nachrichten stelle ich Ihnen in Abschnitt 7.1 im Detail vor.

10:15 Uhr: Eine kurze Kaffeepause. Als neugieriger Mensch bin ich natürlich gespannt darauf, wer gerade Mitglied im Netzwerk geworden ist. Auf meiner Startseite lasse ich mir die entsprechende Infobox anzeigen. Auch dazu erfahren Sie in Kapitel 13 mehr.

11:05 Uhr: Ich muss mit einem Auftraggeber sprechen und ihm eine umfangreiche Präsentation senden. Da ich weiß, dass er Skype nutzt, rufe ich mir seine Profilseite auf und stelle eine Verbindung her. Ganz kostengünstig telefonieren wir dann direkt über das Internet und die Präsentation kann ich ihm auch direkt als Datei senden. Wie das geht, lesen Sie in Abschnitt 7.4.

13:20 Uhr: Nach der Mittagspause überprüfe ich meinen Posteingang. Eine neue Mitteilung erwartet mich, die ich umgehend beantworten möchte. Das Beantworten neuer eingehender Nachrichten lernen Sie in Abschnitt 7.2 kennen.

14:36 Uhr: Ein Verlag fragt an, ob ich ein Thema aus dem Finanzumfeld übernehmen kann. Da ein anderes Projekt länger als geplant dauert, brauche ich Unterstützung. Mal sehen, ob ich schreibende Kollegen mit der notwendigen Erfahrung finde. Mit der Suchfunktion recherchiere ich nach potenziellen Partnern.

Die Möglichkeiten der Suchfunktion stelle ich Ihnen in Abschnitt 5.1.1 genauer vor.

15:05 Uhr: Tatsächlich hat mir die Suchfunktion weitergeholfen. Mit einem besonders viel versprechenden Kandidaten habe ich umgehend Kontakt aufgenommen. Bei der Recherche sind mir aber noch weitere Kollegen aufgefallen, mit denen es sich später lohnen kann, Kontakt aufzunehmen. Diesen Kontakten weise ich den Status »gemerkt« zu und verfasse eine kleine Notiz. Lesen Sie unter Abschnitt 5.4 nach, wie das funktioniert.

16:30 Uhr: Ich habe heute noch gar nicht in meine Gruppen geschaut. Das möchte ich schleunigst nachholen. Tatsächlich sucht dort ein Verlag freie Journalisten zu Themen, die ich bearbeiten kann. Der Besuch könnte sich also später auszahlen. Schnell eine persönliche Nachricht geschrieben und einen Artikel in einem Brett beantwortet. Dem Thema Gruppen widmet sich das Kapitel 9.

18:25 Uhr: Bevor sich der Arbeitstag seinem Ende zuneigt, sehe ich mit der Powersuche einmal nach, wer heute auf meiner eigenen Profilseite gewesen ist. Ganz interessant, über welche verschiedenen Wege die Personen im Netzwerk auf die eigene Seite gelangen.

19:00 Uhr: Das soll es für heute gewesen sein. Mal schauen, ob es heute einen interessanten Termin in meiner Stadt gibt. Also flugs in den Terminbereich gewechselt. Heute scheint nichts Besonderes los zu sein, aber morgen gibt es einen ganz interessanten Vortrag, den ich besuchen möchte. Schnell meine Teilnahme ankündigen. Den Bereich Termine stelle ich Ihnen in Kapitel 11 vor.

19:05 Uhr: Ausloggen.

2 Mitglieder stellen sich vor: Miriam Wiese

Miriam Wiese arbeitet als systemische Supervisorin, Organisationsentwicklerin und Kommunikationsdesignerin. Sie ist Inhaberin von smile at work – spirit in projects: http://www.smileatwork.de.

Seit wann sind Sie Mitglied von XING?

Seit Oktober 2003.

Im Internet werden ja einige Businessgemeinschaften angeboten. Warum haben Sie sich für XING entschieden?

Im Oktober 2003 gab es noch nicht viele Businessplattformen. Der Initiator von XING, Lars Hinrichs, ist ein ausgezeichneter Networker. Er »aktivierte« zum Start einen großen Pool von Mitgliedern, die sich bereits in irgendeiner Form aus früheren Internetzeiten kannten und die bereits gut vernetzt waren. So entstand in meinen Augen schnell eine erste Gemeinschaft, die eine »Netzwerkkompetenz« hatte. Viele hatten sich wieder aus den Augen verloren, nachdem der »Hype« 2001 verloren ging, und wir erhielten so die Gelegenheit, uns wieder zu treffen.

Womit verdienen Sie oder Ihr Unternehmen Ihr Geld?

Als Coach unterstütze ich Menschen darin, ihren beruflichen Lebensweg zu finden. Als Organisationsentwicklerin helfe ich hauptsächlich Kunden, die eine neue Vision von Gesellschaft und Wirtschaft haben. Ich baue zum Beispiel Unternehmen auf, dabei fallen viele unterschiedliche Tätigkeiten an – ich agiere dann sozusagen als »Interimsgründungspartner«. Ich entwickle Führungsstrategien, die zu diesem neuen »Wirtschaftsbild« passen, und überlege aus OE-Sicht, wie die Strukturen für die interne Umsetzung aussehen müssen.

Welche Rolle spielt XING in Ihrem Geschäft? Wofür setzen Sie XING in erster Linie ein? Haben Sie darüber bereits neue Kunden gewonnen?

XING ist für mich hauptsächlich eine Möglichkeit, »präsent« zu sein. Meine Unternehmensseite gibt Informationen darüber, was ich tue und welche Philosophie und Ideen dahinterstecken. Mit meinem XING-Profil wirke ich fokussiert als »Mensch«. Ich nutze das Netzwerk auch für den Austausch von Themen, die für mich wichtig sind. Sowohl als Teilnehmer von Foren als auch als Initiator und Moderator (Forum »Wirtschaft und Spiritualität«).

Für mich ist es wichtig zu sehen, was in Deutschland bei den Menschen und in den Unternehmen passiert; welche Themen gerade relevant sind, welche Zukunftsideen es gibt, welche Herausforderungen. Über das Netzwerk bekommt man ein gutes Gefühl dafür – ob über die Foren, den persönlichen Kontakt oder auch über die Profile der Mitglieder.

Ich habe über das Netzwerk Kunden akquiriert, aber vor allem tolle und spannende Menschen kennen gelernt, die meine Vision teilen und mit denen ich mich austauschen kann. Meine Präsenz in XING vergrößert sozusagen mein Radius: Es spielt für das Kennenlernen keine Rolle, ob es virtuell oder real passiert. Alle Informationen, die ich auf verschiedenen Ebenen über den Menschen vor mir erhalte, wenn ich ihm in die »Augen« schaue, bekomme ich auch über das Profil.

Was schätzen Sie an XING besonders?

Die Kontaktmöglichkeiten.

Ihr Tipp für die Gestaltung der eigenen Profilseite?

Das Wichtigste für die Gestaltung des Profils ist das authentische Zusammenspiel von Bild, Inhalt und Darstellung. Alles muss in sich stimmig sein.

Haben Sie einen Tipp für die Suche nach interessanten Kontakten?

Die Foren sind eine gute Möglichkeit, Mitglieder kennen zu lernen.

Sind Sie Premium-Mitglied?

Ja, natürlich. XING ist für mich ein offenes Haus, für das ich eine angemessene Miete für meinen Platz dort zahle.

Nehmen Sie an Gruppen teil? An welchen?

Ich bin Mitglied in allen Hamburg-Foren und natürlich in meinem eigenen: »Wirtschaft und Spiritualität«. Daneben bin ich noch Mitglied in der Gruppe »Kulturell kreative Entrepreneurs«.

Ihr Lieblingsfeature bei XING?

Hm, da muss ich passen, ich habe kein Lieblingsfeature.

3 Die Visitenkarte im Netzwerk – die eigene Profilseite

XING ist eine Plattform zum schnellen und unkomplizierten Knüpfen von Kontakten. Mit den intelligenten Suchfunktionen ermitteln Sie sehr leicht potenzielle Partner, Interessenten und Kunden. Dreh- und Angelpunkt zur Selbstdarstellung der eigenen Person ist Ihre persönliche Profilseite. Sie besteht aus vier wesentlichen Bausteinen:

- Kurzvorstellung Ihrer Person
- Kontaktdaten
- »Über mich«-Seite
- Gästebuch

Die beiden letzten Elemente sind lediglich optional. Nur wenn Sie es wünschen und die entsprechende Funktion freischalten, erhalten die anderen Mitglieder Zugriff auf die damit verbundenen Möglichkeiten. Der wichtigste Bestandteil Ihrer Selbstdarstellung ist die eigentliche Profilseite, auf der Sie sich kurz vorstellen. Diese wird angezeigt, wenn andere Mitglieder im Netzwerk auf Ihren Namen klicken.

Die Profilseite kann, sofern Sie dies in den Einstellungen hinterlegt haben, sogar außerhalb von XING beispielsweise über eine Suchmaschine gefunden und aufgerufen werden. Sie brauchen keine Sorge zu haben, dass Ihre persönlichen Kontakte bei einem externen Aufruf sichtbar werden. Ihre Kontakte sind nur für ein Mitglied direkt in XING sichtbar, und auch nur dann, wenn Sie sie freigegeben haben.

Ihre Profilseite ist direkt über das Internet erreichbar!

Investieren Sie etwas Zeit und Mühe in das Schreiben der so genannten Businessdaten. Stellen Sie sich vor, Sie sollten sich und Ihr Unternehmen in einer kleinen Runde vorstellen, und zwar so, dass die anderen Teilnehmer Sie interessant finden und auch wissen, was Sie für geschäftliche Erwartungen haben.

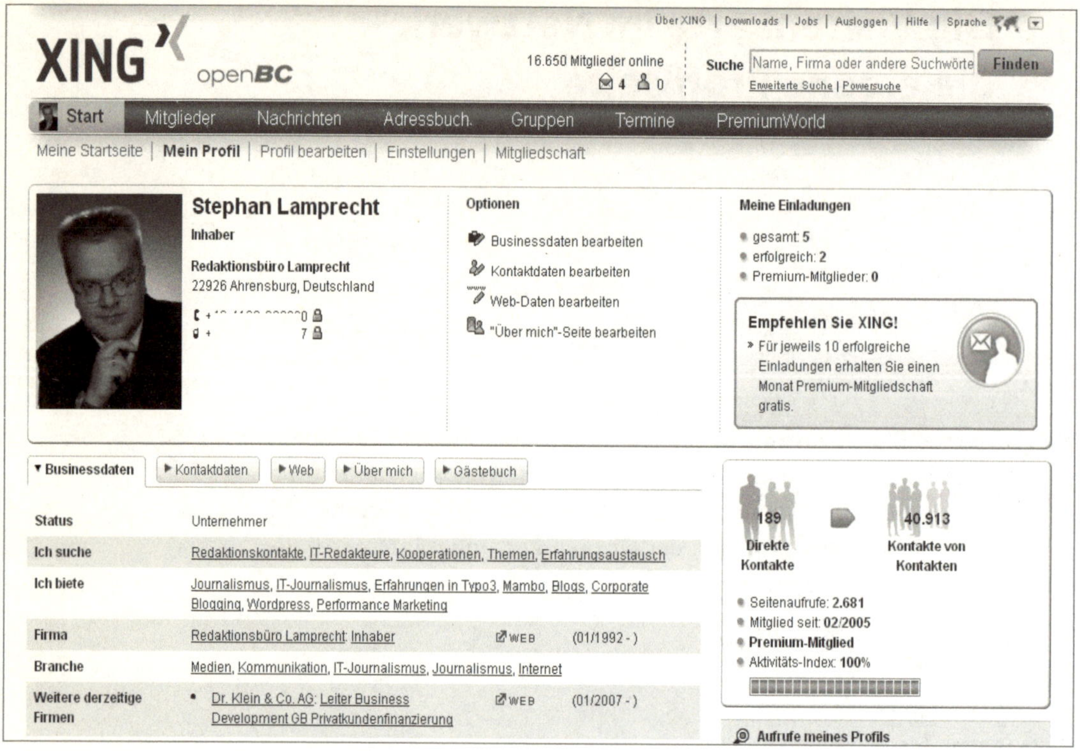

Abb. 3–1
Die Profilseite Ihres Autors

Auf der rechten Seite befindet sich eine kleine Infobox, die Ihre persönliche Statistik enthält. Hier erfassen andere Mitglieder mit einem Blick, über wie viele bestätigte Kontakte Sie verfügen, wie oft die Seite abgerufen worden ist, seit wann Sie Mitglied bei XING sind und welche Mitgliedschaft Sie gewählt haben. Im Register *Web* kann über den Bereich *Skype* schnell ein Kontakt angerufen werden.

3.1 Businessdaten ändern

Die Businessseite ist eigentlich nie fertig.

Die Daten auf Ihrer Profilseite können Sie schnell und einfach ändern. Alle wesentlichen Funktionen dazu sind nur einen Mausklick entfernt. Nach meiner Erfahrung ist eine Profilseite aber nie wirklich fertig. Zum einen ändern sich die eigenen Arbeitsschwerpunkte oder Interessengebiete, zum anderen werden Sie beim intensiven Arbeiten mit XING sicherlich auch von anderen Mitgliedern lernen können. Kurzum: Es gibt immer jemanden, der sich noch einen Tick besser präsentiert und dessen Selbstdarstellung Sie inspiriert.

3.1.1 Persönliches Foto hochladen

Wie im realen Leben zählt auch bei XING der erste Eindruck. Sollten Sie es nicht bereits im Rahmen des Anmeldeprozesses getan haben, laden Sie möglichst bald ein Foto von sich hoch. Schließlich wollen Sie doch auch optisch wissen, mit wem Sie es zu tun haben, wenn Sie mit einem anderen Mitglied in Kontakt treten, oder?

Selbst wenn Sie der Meinung sind, dass Ihre eigene Erscheinung von den gängigen Schönheitsidealen abweicht, vermeiden Sie Bilder von Comicfiguren oder andere Platzhalter. Diese sind dem Netzwerk nicht angemessen und wirken schnell deplatziert. Sie werden zu einem offiziellen Empfang ja auch nicht gerade in Jeans auftauchen, oder?

Tipps zur Fotoauswahl

Vermeiden Sie eine zu dunkle Fotoauswahl. Was auf 9×13 cm durchaus sehr ansprechend aussehen kann, erweist sich nach der Skalierung häufig als zu dunkel. Ideal ist ein klassisches Porträtfoto mit ausgewogenen Farben. Natürlich eignen sich auch Bilder, die Sie stehend zeigen, allerdings dürfte dann von Ihrem Gesicht weniger als auf einer Briefmarke zu sehen sein.

Lachen ist erlaubt! Ein gut gemachter Schnappschuss ist allemal besser als ein Foto, das jemanden mit einem aufgesetzten und leicht gequält wirkenden Grinsen zeigt.

Das System von XING erweist sich in der Verarbeitung von Fotos als recht genügsam. Sie können Bilder in den Formaten JPG, GIF, PNG, BMP oder auch TIFF verwenden. Bei dieser Vielzahl an Formaten ist sicherlich eines dabei, das die Software Ihres Scanners ausgeben kann. Ein wichtiger Parameter ist die Dateigröße. Mehr als 250 Kilobyte sollten es nicht sein. Die Dateigröße können Sie leicht mit einem Dateimanager Ihres Betriebssystems überprüfen. Die meisten gescannten Fotos sind in dieser Hinsicht zu groß. Hier hilft das Speichern in einem komprimierten Datenformat wie etwa JPG.

Achten Sie schließlich auch auf die angezeigte Größe. Ein Foto für die Profilseite sollte etwa 140×185 Pixel groß sein. Beim Skalieren hilft Ihnen mit Sicherheit das Bearbeitungsprogramm Ihres Scanners oder Sie bitten jemanden aus Ihrem Bekanntenkreis, Ihnen das Foto auf diese Größe zu bringen.

Haben Sie die Vorarbeiten abgeschlossen, rufen Sie Ihre Profilseite auf. Im Abschnitt *Businessdaten* klicken Sie am unteren Ende der Seite auf den Schalter *Businessdaten bearbeiten*. In der linken oberen Ecke befindet sich der Schalter *Foto hochladen*. Mit einem Klick darauf öffnet sich der Dateidialog Ihres Betriebssystems. Markieren Sie hier den gewünschten Eintrag und bestätigen Sie mit *OK*. Hat alles zufrieden stellend funktioniert, erscheint wenige Augenblicke später das Foto auf der Seite. Über diesen Dialog können Sie bei Bedarf auch ein bereits hochgeladenes Bild wieder löschen.

3.1.2 Position und Unternehmen präsentieren

Den eigenen Status festlegen

Die Seite mit den Businessdaten kann in verschiedene Bereiche gegliedert werden. Im oberen Teil stellen Sie sich kurz den anderen Mitgliedern vor. Um die Felder zu bearbeiten, wechseln Sie auf Ihrer Profilseite in das Register *Businessdaten* und klicken hier auf den Schalter *Businessdaten bearbeiten*. Die umfangreichen Optionen lassen sich nun bearbeiten. Legen Sie hier zunächst Ihren *Status* fest. Zur Auswahl stehen:

- Freiberufler
- Unternehmer
- Angestellter

Schwierig wird die Auswahl natürlich dann, wenn Sie, was in der heutigen Geschäftswelt nicht so selten ist, mehrere Funktionen ausfüllen oder als Angestellter auch freiberuflich arbeiten. Überprüfen Sie dann Ihre eigene Erwartungshaltung an das Netzwerk. Möchten Sie XING im Schwerpunkt dazu nutzen, neue Aufträge für Ihre Tätigkeit als Unternehmer bzw. Freiberufler zu erhalten? Oder geht es Ihnen mehr darum, neue Kontakte für das Unternehmen zu knüpfen, in dem Sie fest angestellt sind?

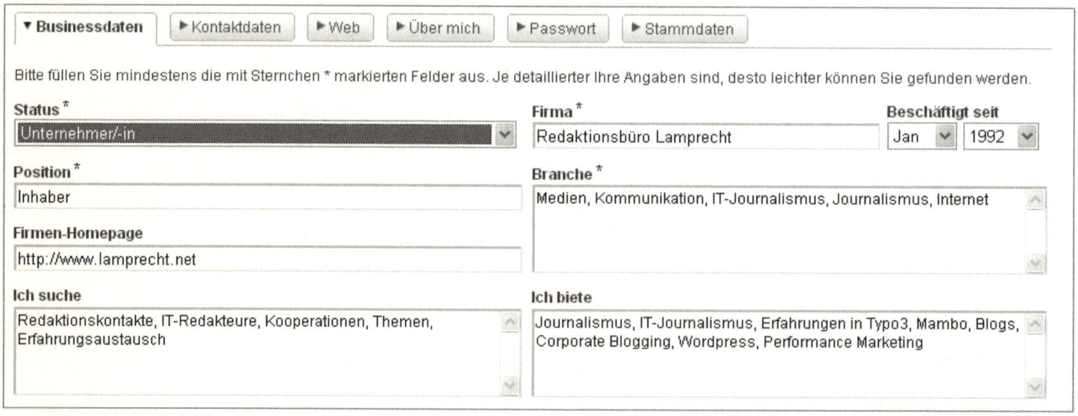

Abb. 3–2 *Die Eingabemaske für die Businessdaten.*

Firma korrekt bezeichnen!

Unter *Firma* tragen Sie den Namen Ihres Unternehmens ein. Da dies ein wichtiges Suchkriterium ist, achten Sie auf die exakte Schreibweise. Sind bereits Kollegen Mitglied im Netzwerk, schauen Sie doch auf deren Profilseite vorbei, um die gleiche Schreibung zu übernehmen.

Zum einen tragen Sie damit natürlich zum einheitlichen Auftreten Ihrer Firma nach außen bei, viel wichtiger jedoch: Interessiert sich ein anderes Mitglied für Ihre Firma und sucht nach Kontakten, wäre es doch schade, wenn Sie bei der Trefferliste nicht dabei sind, oder?

Verhältnismäßig einfach sollte das Ausfüllen des Feldes *Position* sein. Hier nehmen Sie entweder die offizielle Bezeichnung Ihres Aufgabengebiets oder aber eine treffende Beschreibung. Gehört Ihnen das Unternehmen, bietet sich beispielsweise »Inhaber« oder »Geschäftsführer« an.

Bleiben Sie auf jeden Fall authentisch: Die Transparenz des XING-Netzwerks deckt jedes Schmücken mit fremden Federn erbarmungslos auf! Sind Sie Einzelunternehmer, wirkt der Titel Geschäftsführer schon ein bisschen anmaßend, da darunter allgemein etwas anderes verstanden wird.

Unter *Firmen-Homepage* geben Sie die URL Ihres Unternehmens ein. Tragen Sie dort auch das in Browsern sonst nicht notwendige einleitende »http« ein, da dies von der XING-Software ausgewertet wird, um einen Link zu erzeugen.

In welcher Branche sind Sie tätig?

Auf den ersten Blick scheint das Feld *Branche* keine übergeordnete Bedeutung zu haben, aber auch dieser Eintrag ist für Suchabfragen und eigene Recherchen von großer Wichtigkeit. Bleiben Sie hier nicht zu allgemein und nutzen Sie die Möglichkeit, mehrere Bezeichnungen durch Kommas separiert einzutragen. Sie bieten eine besondere Dienstleistung im Computerbereich an? Dann können Sie natürlich ein einfaches »IT« eintragen. Wenn Sie aber umgekehrt einmal die Probe machen, wie viele Treffer Sie bei einer solchen Suchabfrage erhalten, werden Sie mir Recht geben, dass es sich lohnt, hier spezieller zu sein.

Sind unmittelbare Mitbewerber von Ihnen im Netzwerk vertreten, ist es empfehlenswert, auch deren Klassifizierung mit zu verwenden, sofern diese Ihnen passend erscheint. Sonst geraten Sie hier schnell ins Hintertreffen! Gerade der Bereich *Branche* bildet einen der Bausteine, den Sie immer wieder kritisch überprüfen und gegebenenfalls optimieren sollten!

In der heutigen Arbeitswelt ebenfalls nicht mehr ungewöhnlich ist die Beschäftigung in mehreren Unternehmen. Wer beispielsweise Geschäftsführermandate innehat, möchte natürlich auch über diese weiteren Positionen informieren. In der Mitte der Seite der Businessdaten haben die Macher von XING einen Abschnitt zur Eingabe weiterer Unternehmen reserviert. Tragen Sie dort die Bezeichnung der Firma und Ihre dortige Position ein. Über die beiden Listenfelder legen Sie zusätzlich fest, ab wann Sie dort beschäftigt sind. Reicht Ihnen ein zusätzlicher Eintrag nicht aus, klicken Sie einmal auf den Link *Weitere Firma hinzufügen*, um sich eine neue Eingabezeile einzublenden. Um einen dieser Einträge wieder zu entfernen, genügt es, auf das kleine Symbol des Mülleimers zu klicken.

3.1.3 Was suche und biete ich?

Die Felder *Ich suche* und *Ich biete* scheinen auf den ersten Blick sehr trivial zu sein. Andererseits dürfte die Suche nach viel versprechenden Kontakten meist über eine Abfrage dieser Felder führen. Hier teilen Sie den anderen Mitgliedern kurz und knapp mit, was Sie sich von der Nutzung des Netzwerks versprechen.

Nicht zu allgemein und nicht zu speziell

Bieten Sie eine interessante Dienstleistung an? Dann nennen Sie diese möglichst exakt in der Rubrik *Ich biete*. Sie finden hier genügend Raum für Ihre Angaben vor. Vermeiden Sie dennoch, mit ganzen Sätzen zu operieren. Es genügen Schlagwörter, die allerdings weder zu allgemein noch zu speziell sein sollten.

Ähnliches gilt auch für die Kategorie *Ich suche*. Formulieren Sie Ihre Erwartung an neue Kontakte. Suchen Sie nach Aufträgen, reden Sie nicht um den heißen Brei herum, sondern formulieren Sie es geradeheraus. Schwerer wiegt das Problem, wenn Sie als Angestellter auf der Suche nach einem neuen Arbeitgeber sind. Gerade wenn Ihre Chefs oder Kollegen ebenfalls Mitglied von XING sind, ist es empfehlenswert, mit den Schlüsselbegriffen aus der Personalberatung zu arbeiten. Suchen Sie also nach »neuen Herausforderungen«. Damit weiß jeder, was Sie meinen, Sie brüskieren Ihren alten Arbeitgeber aber nicht. Den Hinweis darauf, dass Sie Kontakte suchen, können Sie sich aber sparen: Weshalb sonst sind Sie Mitglied bei XING geworden?

3.1.4 Bisheriger Karriereweg und Interessen

Im unteren Bereich der Profilseite finden Sie genügend Raum, um Ihren bisherigen beruflichen Werdegang stichpunktartig zu beschreiben. Auch wenn Sie in einer anderen Funktion in einem weiteren Unternehmen beschäftigt sind, ist hier der richtige Ort für Ihre Angaben.

Die Eingabe folgt dabei immer dem gleichen Prinzip. Tragen Sie den Namen des Unternehmens ein, führen Sie Ihre Position auf und geben Sie, wenn Sie wollen, die URL zur Firmen-Homepage mit einem einleitenden »http« ein. Außerdem geben Sie über die Listenfelder ganz komfortabel die Dauer der Beschäftigung ein. Die Auswahl des Monatsnamens und des Jahres genügt.

Im Gegensatz zu einer Bewerbung müssen Sie hier nicht Ihren gesamten Lebenslauf eintragen. Die berufliche Entwicklung der letzten fünf Jahre dürfte den meisten anderen Mitgliedern als Information durchaus genügen. Um das Bild zu vervollständigen, finden Sie noch ein Feld vor, in das Sie die Namen der von Ihnen besuchten Hochschule(n) eintragen können. Möchten Sie den anderen Mitgliedern ein möglichst vollständiges Bild Ihres Lebensweges geben, klicken Sie am Ende der Auflistung auf den Link *Weitere Firma hinzufügen*, um sich eine zusätzliche Eingabezeile einzublenden.

Das Ende des Eingabebereichs bilden die Abschnitte *Interessen, Mitgliedschaften* und *Hochschulen*. Sind Sie Mitglied in einer berufsständischen Organisation oder einem anderen Verband, tragen Sie dessen Bezeichnung einfach dort ein. Sie schaffen damit zusätzlichen Gesprächsstoff für eine erste Kontaktaufnahme.

Zeigen Sie sich auch von Ihrer privaten Seite.

Greenpeace

Im Feld *Interessen* erhalten Sie die Möglichkeit, sich auch einmal von Ihrer privaten Seite zu zeigen. Hier tragen Sie Ihre Hobbys oder Neigungen ein. Sie bewundern ganz besonders einen Schriftsteller? Dann schreiben Sie seinen Namen auf! Sie segeln, joggen, spielen Fußball oder schwimmen? Dann nennen Sie die Sportart doch einfach hier. Vielleicht finden Sie ja einen Partner, mit dem Sie joggen können. Sind Sie mit den Angaben zufrieden, klicken Sie abschließend auf den Schalter *Speichern*, um Ihre Änderungen zu übernehmen.

3.2 Kontaktdaten

Adressinformationen hinterlegen

Den zweiten wichtigen Abschnitt auf Ihrer Profilseite bilden die eigentlichen Informationen, wie man Sie erreichen kann. Diese befinden sich innerhalb des zweiten Registers. Sie können bedenkenlos die dort abgefragten Informationen hinterlegen, da Sie für jeden einzelnen Ihrer Kontakte individuell festlegen können, was der Betreffende sehen darf. Die Kontaktinformationen gliedern sich in zwei Bereiche.

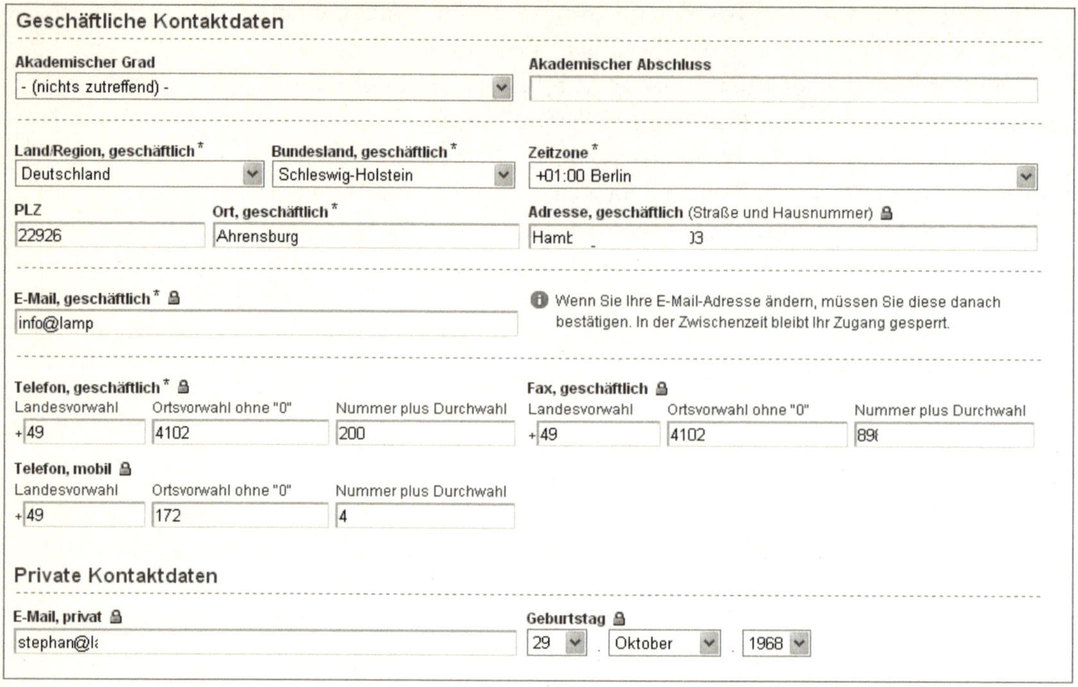

Abb. 3–3
Ändern Sie hier Ihre Kontaktdaten.

- Geschäftliche Kontaktdaten wie Anschrift, Telefonnummer und E-Mail-Adresse, über die Sie tagsüber zu erreichen sind.
- Ihre privaten Daten, die ebenfalls Anschrift und Telefonnummer enthalten. Hier ist auch die Möglichkeit enthalten, die URL Ihrer privaten Homepage oder Ihres Blogs zu hinterlegen.

Um die Informationen zu bearbeiten, klicken Sie entweder auf den Eintrag *Profil bearbeiten* am oberen Bildschirmrand, nachdem Sie Ihre eigene Profilseite aufgerufen haben. Oder Sie wechseln von Ihrer Profilseite in das Register *Kontaktdaten* und klicken am Ende der Seite auf den Schalter *Kontaktdaten bearbeiten*. Nach der Bearbeitung klicken Sie abschließend auf den Schalter *Speichern*.

3.3 Web-Informationen

In der modernen Arbeitswelt wird die Kommunikation über Messenger-Programme oder auch Voice over IP immer wichtiger. Innerhalb eines eigenen Registers *Web* hinterlegen Sie Ihre Kommunikationsdaten sowie die Adressen Ihrer privaten Homepage. Die üblichen Wege führen zu dieser Seite. Bearbeiten Sie also Ihr Profil über den gleichnamigen Link in der oberen Navigation oder wechseln Sie in das Register

Web Ihrer Profilseite und drücken Sie auf den Schalter *Web-Daten bearbeiten.*

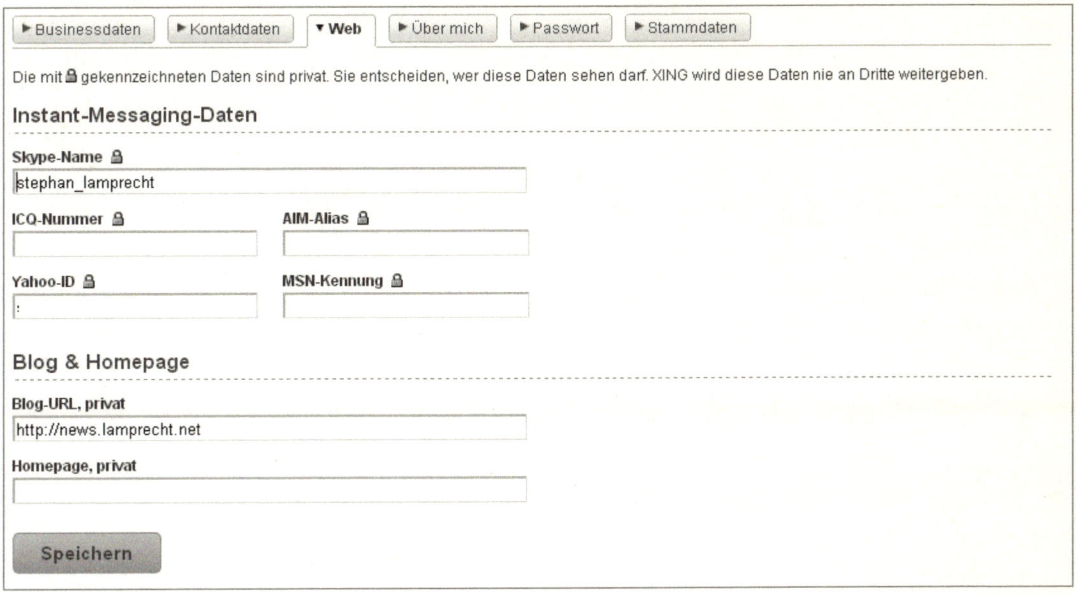

Abb. 3–4
Der Dialog zur Eingabe Ihrer Web-Informationen.

Nach dem Bearbeiten Ihrer Informationen verlassen Sie die Eingabe mit einem Klick auf *Speichern.*

3.4 »Über mich«-Seite

Dieser Bereich, der ebenfalls über Ihre Profilseite aufgerufen werden kann, bietet Ihnen zusätzlichen Raum für Ihre Selbstdarstellung. Damit Sie sich hier den anderen Mitgliedern vorstellen können, muss die »Über mich«-Seite zunächst einmal aktiviert werden. Dies erledigen Sie am einfachsten ebenfalls über Ihre Profilseite (siehe Abb. 3–5).

Folgen Sie dem Link *Mein Profil*, das Ihnen einen schnellen Zugriff auf die verschiedenen Systembereiche erlaubt. Sie finden dort im oberen Abschnitt den Verweis *»Über mich«-Seite bearbeiten.* Alternativ wechseln Sie von Ihrer Profilseite aus in das Register *Über mich* und klicken dort auf den Schalter *»Über mich«-Seite bearbeiten.*

Platz für individuelle Selbstdarstellung – Die »Über mich«-Seite

Nach dem Aufruf dieser Funktion blicken Sie auf ein großes leeres Editierfeld. Zur Besonderheit dieser Seite gehört, dass der Eingabebereich HTML unterstützt. Tragen Sie Text und HTML-Code direkt dort ein. Mit einem Druck auf den Schalter *Vorschau* können Sie sich davon überzeugen, wie später die anderen Mitglieder Ihre Seiten dargestellt bekommen. Sind Sie damit zufrieden, schalten Sie die Seite zunächst frei, indem Sie in das Optionsfeld *Seite ist freigeschaltet* klicken und anschließend auf *Speichern* drücken.

Abb. 3–5
Der Editor für die »Über-mich«-Seite.

3.5 Das Gästebuch

Die vierte Säule Ihrer Profilseite wird aus dem optionalen Gästebuch gebildet. Darüber können Ihnen die anderen Mitglieder kurze Grüße ausrichten, die im Gegensatz zu privaten Nachrichten von allen Teilnehmern gelesen werden können.

Abb. 3–6
Treten Sie über das Gästebuch mit anderen Mitgliedern in Kontakt!

Vielleicht findet ein Ex-Kollege Sie auf diesem Wege wieder und möchte sich gleich auf diese Weise bei Ihnen melden? Das Gästebuch ist auch für Nicht-Premium-Mitglieder zur Nutzung freigegeben und stellt einen Weg dar, um mit Ihnen in Kontakt zu treten. Gestaltungsmöglichkeiten hinsichtlich des Gästebuchs haben Sie nicht. Es kann lediglich aktiviert oder ausgeschaltet werden.

Auch die Einrichtung eines Gästebuchs nehmen Sie am besten über das eigene Profil vor.

Das Gästebuch als Kontaktmittel

In der oberen Navigation finden Sie den Eintrag *Einstellungen*. Wechseln Sie anschließend in das Register *Privatsphäre*. Unter *Optionen* markieren Sie den Eintrag *Ich möchte ein Gästebuch in meinem Profil*. Sie müssen die Einstellungen nun nur noch speichern, und schon steht das Gästebuch den anderen Mitgliedern zur Verfügung.

4 Mitglieder stellen sich vor: Dr. Anna Fuhrmann

Seit wann sind Sie Mitglied von XING?

Ich bin seit März 2004 Mitglied.

Im Internet werden ja einige Businessgemeinschaften angeboten. Warum haben Sie sich für XING entschieden?

Die Entscheidung ist nicht sofort gefallen, sondern erst nachdem ich Erfahrungen gesammelt hatte und Vergleiche anstellen konnte. Die schlagenden Argumente für XING sind die Größe und die sich daraus ergebende Vielfalt. XING bietet jedem etwas, sei das Interesse beruflich, geschäftlich oder privat gefärbt. Mitglieder, die über die Profilseiten surfend ihre Mitmenschen kennen lernen und kontaktieren wollen, kommen genauso gut auf ihre Kosten wie die, die sich auch oder nur in den Diskussionsgruppen treffen und austauschen.

Womit verdienen Sie oder Ihr Unternehmen Ihr Geld?

Als selbstständige Unternehmerin mit sprachwissenschaftlichem Hintergrund biete ich verständliches, flüssiges, web- und zielgruppengerechtes Schreiben an. Sprachlich einwandfreie Texte zu produzieren bedeutet für mich, nach inhaltlicher und sprachlicher Perfektion zu streben, und für meine Kunden: gute Substanz in schöner Form.

Am liebsten entwerfe ich das Konzept und die inhaltliche Struktur von Webseiten und schreibe die entsprechenden Texte dazu. Aber eigentlich schreibe ich alles, was meine Kunden wünschen. Für mich reichen die Qualitätsmerkmale guter Texte weit über eine knackige Wortwahl und die Einhaltung der Rechtschreibregeln hinaus. Sie gleichen einem perfekten Kleidungsstück, bei dem Farbe, Schnitt, Material, Verarbeitung und individuelle Passform erstklassig sein müssen.

Die Güte der verborgenen, nicht sofort sichtbaren Substanz und Struktur ist entscheidend für den Gesamteindruck.

Welche Rolle spielt XING in Ihrem Geschäft? Wofür setzen Sie XING in erster Linie ein? Haben Sie darüber bereits neue Kunden gewonnen?

XING ist ein hervorragendes, weil sehr flexibles Instrument. Das direkte Ansprechen von möglichen Kontakten, das für viele Leute die Methode der Wahl ist, steht bei mir eher im Hintergrund. Ich benutze XING auf eine andere, eher unorthodoxe Art und Weise, die mit meinem Beruf sehr gut harmoniert. Ich nehme an vielen Diskussionen teil, und beim Schreiben meiner Beiträge versuche ich, mittelbar das zu zeigen, was die Essenz meines Angebots ist: den differenzierten, reichhaltigen Umgang mit Sprache. Diese indirekte Strategie ist bis jetzt gut angekommen: Ich habe durch XING mehrere Aufträge bekommen, ohne dass ich potenzielle Kunden direkt angesprochen hätte. Die Methode ist angenehm, weil »sanft« – wenn auch gelegentlich zeitintensiv. In der Regel empfiehlt es sich schon, auch die unmittelbaren Akquisewege in XING zu nutzen.

Was schätzen Sie an XING besonders?

Die Größe, die Buntheit, die Internationalität, die leichte Auffindbarkeit und Erreichbarkeit von gleich oder auch anders gesinnten Menschen. Die zwanglose Möglichkeit, jederzeit ins Gespräch kommen und Kontakte knüpfen zu können, ohne dafür besondere Vorbereitungen zu treffen oder Termine ausmachen zu müssen.

Ihr Tipp für die Gestaltung der eigenen Profilseite?

Die Angaben zur eigenen Person sollten weder zu sparsam ausfallen, noch zu überladen wirken. Die Einträge in den Feldern der Profilseite liefern die Suchbegriffe für die XING-interne Suchmaschine, darum sollten sie knapp, klar und voneinander gut abgegrenzt sein. Fließtext ist dafür weniger geeignet, umso mehr kurze, durch Kommata getrennte und für potenzielle Interessenten relevante Begriffe. Eine zusätzliche »Über mich«-Seite bietet die Möglichkeit einer individuell gestaltbaren und frei formulierbaren Präsentation.

Haben Sie einen Tipp für die Suche nach interessanten Kontakten?

Es kommt dabei ein wenig darauf an, welche Art Zugang individuell bevorzugt wird.

Für eine direkte, unmittelbare Kontaktsuche und -anbahnung ist die Suchfunktion am besten geeignet. Auf diesem Weg gefundene interessante Personen kann man dann direkt anschreiben und kontaktieren. Wer seine potenziellen Kontakte zuerst ein wenig beschnuppern und kennen lernen möchte, schaut sich am besten die für ihn relevanten thematischen Gruppen an: Wer schreibt dort worüber, wer könnte aufgrund dessen, was und wie er zu den Diskussionen beiträgt, als Kontakt, Anbieter, Kunde oder Kooperationspartner infrage kommen?

Sind Sie Premium-Mitglied?

Ja. Ohne die nur durch Premium-Mitgliedschaft zugänglichen Funktionen wäre XING für mich eher nur als Zeitvertreib geeignet.

Nehmen Sie an Gruppen teil? An welchen?

Die Liste »meiner« Gruppen wäre zu lang ... Hier eine Auswahl nach Kategorien:

- Regionalgruppen: Ich bin Mitglied in den meinem Wohnort entsprechenden Gruppen und moderiere eine von ihnen: die Wiener XING-Community (https://www.XING.com/net/wiennet/). Regionalgruppen bieten den zusätzlichen Vorteil, die Mitglieder bei Offline-Treffen persönlich kennen lernen zu können.
- Gruppen mit beruflich einschlägigen Themen und Branchen: Webtest, Webdesign, User Experience, Information Architecture, Journalismus, Languages & Translation, Corporate Communication.
- Beruflich gemischte Gruppen fürs Networking, für Kooperationen, zum Diskutieren und mal auch für Entspannung: Woman Entrepreneur Club, Netzwerken in Österreich, Politik, Wortwerk.

Ihr Lieblingsfeature bei XING?

Da muss ich passen. Denn: Ich benutze so gut wie alle zur Verfügung stehenden Funktionen. Es ist gerade ihr Ineinandergreifen, das die perfekte Mischung für mich ausmacht.

5 Kontakte knüpfen

Eines der primären Ziele einer Plattform wie XING liegt im Knüpfen von neuen Kontakten, die neue Chancen für das berufliche Fortkommen bieten. Egal ob Sie sich als Angestellter weiterentwickeln wollen, den Austausch mit anderen Menschen in vergleichbarer Position suchen oder als Selbstständiger zukünftige Kunden oder Partner kennen lernen möchten: Die Facetten des Netzwerks sind vielfältig und bieten vielschichtige Möglichkeiten. Doch wie finden Sie neue Kontakte? Das kann auf verschiedenen Wegen erfolgen:

- Sie recherchieren mit der zur Verfügung stehenden Funktion gezielt nach einer möglicherweise interessanten Person. Dazu erfahren Sie später noch mehr.
- Sie lassen sich von den Infoboxen auf der Startseite treiben und folgen einfach mal einem der Hinweise auf neue Mitglieder oder Kontakten Ihrer eigenen Kontakte.
- Sie schauen sich die Kontakte Ihrer Kontakte, sofern sie denn freigegeben wurden, an.
- Sie informieren sich als Premium-Mitglied darüber, wer Ihre persönliche Profilseite besucht hat.
- Sie setzen sich mit dem Schreiber eines interessanten Beitrags in einer der Gruppen in Verbindung.

Die Betreiber von XING haben sich, wie es sich für gute Gastgeber gehört, bemüht, eine interessante Mischung an Gästen zusammenzustellen. Was Sie persönlich daraus machen, hängt von Ihnen selbst ab. Schnell werden Sie sich beim ersten Umsehen und bei Recherchen darüber informiert haben, wer von Ihren Kollegen auch Mitglied von XING ist, oder bestehende Kunden und Partner kontaktiert haben. Mit einem Plugin für Outlook unterstützt XING Sie sogar bei der Recherche, welcher Ihrer bestehenden Kontakte auch bereits Mitglied dort ist.

Damit kennen Sie also bereits einen Teil der Gäste. Möglicherweise wird der eine oder andere Ihrer Kontakte Sie auch mit jemand anderem bekannt machen. Bleiben Sie aber nicht passiv. Sehen Sie sich etwas um und bringen Sie sich ins Gespräch. Eine gute Möglichkeit sind hier die Gruppen, in denen Sie sich in bestehende Diskussionen einbringen oder auch ein neues Thema eröffnen können. Wie viele andere Internetangebote auch lebt XING von der Aktivität und der Interaktivität seiner Nutzer.

5.1 Kontakte finden

Integrierte Suchfunktionen

Wie können Sie nun nach interessanten Kontakten suchen? XING bietet seinen Mitgliedern dazu eine Reihe von verschiedenen Suchfunktionen an. Mehrere Wege führen Sie zu den verschiedenen Suchtypen:

- *Suche:*
  dient der freien Suche nach Begriffen.
- *Powersuche:*
  stellt einige wichtige vordefinierte Abfragen zur Verfügung.
- *Erweiterte Suche:*
  Durch die größere Zahl an zur Verfügung stehenden Feldern können Sie detaillierte Suchabfragen stellen.
- *Suchagenten:*
  ein vielfach unterschätztes Powerwerkzeug, das Ihnen dabei hilft, schnell neue Kontakte zu erkennen.

5.1.1 Standardsuche und erweiterte Suche

Mit der integrierten Suche von XING wird aus dem Netzwerk ein vorzügliches Arbeitsmittel, um gezielt nach interessanten Geschäfts- und Gesprächspartnern zu recherchieren. Direkt am oberen Rand jeder Seite ist ein Suchfeld angebracht. Hier können Sie einen Namen, ein Unternehmen oder einen anderen gesuchten Begriff eintragen. Durch Druck mit der Returntaste oder einen Klick auf *Finden* starten Sie die Suche.

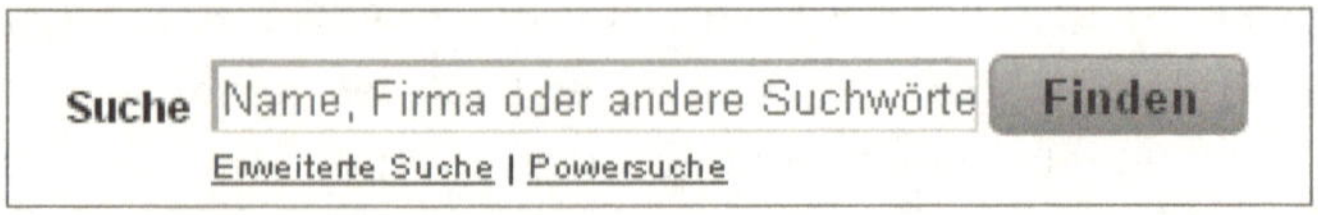

Abb. 5–1 *Zentral am oberen Rand jeder Seite finden Sie das Feld für die einfache Suche.*

Unmittelbar nach dem Auslösen der Suche wird Ihnen das Ergebnis präsentiert. Haben Sie in das Suchfeld etwa einen Namen eingegeben, werden Ihnen, sofern vorhanden, bereits einige Mitglieder dargestellt. Zusätzlich erhalten Sie eine Auflistung von Treffern in verschiedenen Kategorien. Neben der Bezeichnung der Kategorie wird zugleich angezeigt, wie viele Treffer es in der jeweiligen Kategorie gegeben hat. Mit einem Klick auf den Namen der Kategorie gelangen Sie dann zur eigentlichen Trefferseite.

Abb. 5–2
Eine Ergebnisübersicht nach dem Ausführen einer einfachen Suche

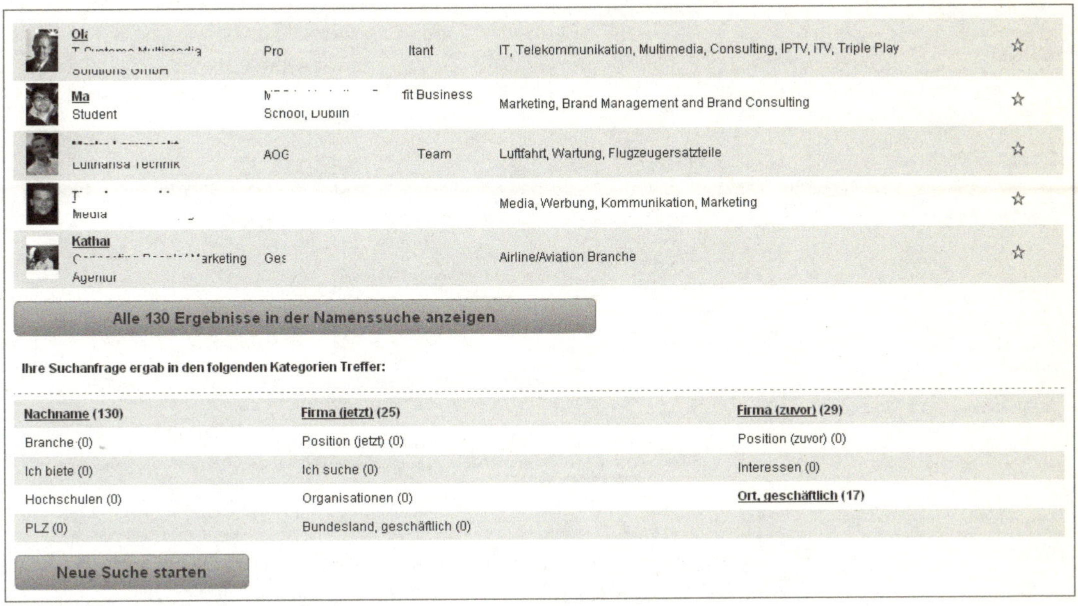

Wenn Sie mehr Einflussnahme auf die Suche erhalten wollen, führen Sie am besten die erweiterte Suche aus. Diese erreichen Sie entweder mit einem Klick auf den Eintrag *Erweiterte Suche* direkt unter dem Suchfeld am oberen Rand des Bildschirms, oder Sie klicken in der Hauptnavigation auf *Mitglieder.* Damit gelangen Sie sofort in die erweiterte Suche.

Auf der Suchseite stehen Ihnen prinzipiell die gleichen Felder zur Verfügung, die auch auf Ihrer eigenen Profilseite zu finden sind. Sie können also nicht nur nach Namen und Vornamen suchen lassen, sondern auch nach Branchen, aktuellen Firmen oder Ex-Arbeitgebern.

Beschränkung in der Ergebnismenge!

Wenn Sie nicht gerade gezielt nach einer bestimmten Person suchen, ist es empfehlenswert, hier nicht zu allgemein zu sein, da Sie sonst zu viele Treffer erhalten. Im Gegensatz zu Google quält Sie

XING nicht mit einer immensen Trefferzahl. Die Ergebnisse werden auf 200 Einträge beschränkt.

Über die Optionsfelder am unteren Rand des Bildschirms lässt sich die Suche auf bestimmte Teile von XING einschränken.

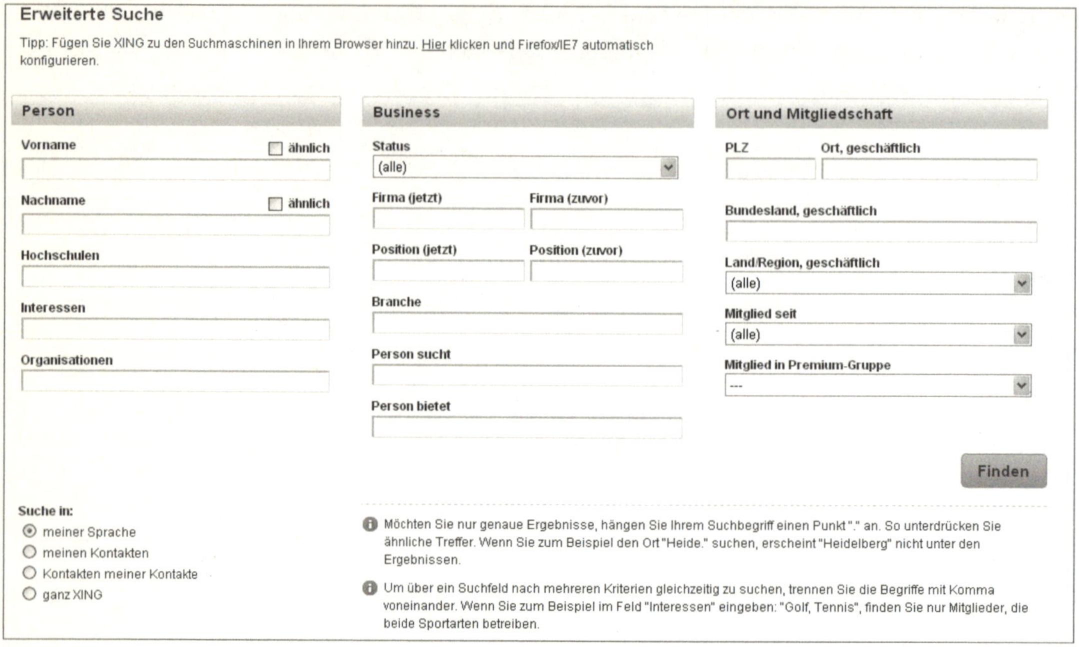

Abb. 5–3

Die erweiterte Suchfunktion von XING

Wenn Sie auch die anderssprachigen Teile berücksichtigen wollen, aktivieren Sie die Option *ganz XING*. Außerdem kann die Suche auf die eigenen Kontakte bzw. die eigenen Kontakte und deren Kontakte beschränkt werden. Mit einem Druck auf *Finden* starten Sie die Suche.

> Ein guter erster Anknüpfungspunkt für ein Gespräch sind eigentlich immer gemeinsame Interessen. Kombinieren Sie Ihre Suchabfrage und recherchieren Sie nach einem Kontakt, der sowohl das sucht, was Sie bieten, als auch gemeinsame Interessen mit Ihnen hat. Stellen Sie bei einem ersten Kontakt diese Gemeinsamkeit heraus. Der Rest kann sich dann schnell von allein ergeben.

Suchoptionen: logische Verknüpfungen

Die Suche selbst berücksichtigt den Voreinstellungen gemäß die Wortanfänge. Geben Sie unter Branche etwa »Auto« ein, erhalten Sie auch Treffer für Einträge wie »Automobil«. Möchten Sie möglichst exakt vorgehen, können Sie dieses Verhalten ausschließen, indem Sie am Ende des gesuchten Begriffs einen Punkt setzen.

Wenn Sie mögen, können Sie die Funktion auch anweisen, nach mehreren Begriffen zu suchen. Trennen Sie diese mit einem Komma, werden diese mit einem logischen »UND« verknüpft, was bedeutet, dass in einem Feld beide relevanten Begriffe enthalten sein müssen, damit der Kontakt auch als Treffer gilt.

Möchte ich als Journalist und Autor nach möglichen Redaktionskontakten suchen, wäre eine Abfrage in der Form »Autoren, IT« möglich. In diesem Fall werden mir nicht die Redakteure von anderen Medien angeboten, die etwa im Bereich der Frauenpresse arbeiten, sondern nur Mitglieder, die auch den Begriff IT in diesem Zusammenhang nutzen.

Ist die Suche erfolgreich, erhalten Sie eine Liste der Treffer angeboten. Im oberen Teil der Ergebnisliste sind zwei zusätzliche Listenfelder angebracht, mit deren Hilfe Sie die Ergebnisse noch weiter filtern können.

Abb. 5–4
Eine typische Trefferliste in XING (personenbezogene Daten unkenntlich gemacht)

Zum einen können Sie die Sprache des Kontakts auswählen, aber auch auf ein bestimmtes Land beschränken. Diese Filteroption ist allerdings nur dann sinnvoll, wenn Sie einerseits die Suche auf ganz XING ausgeweitet und andererseits die Sprache nicht eingeschränkt haben.

Sind Sie mit den Ergebnissen der Suche nicht zufrieden, lässt sich die Anfrage bearbeiten. Dazu klicken Sie einfach auf den Schalter *Suche ändern*, der sich am Ende der Trefferliste befindet. Sie rufen damit den Suchdialog erneut auf und bearbeiten dort Ihre Angaben.

5.1.2 Suchagenten

Es wäre viel zu mühsam, immer wieder die gleichen Suchläufe durchzuführen. Das haben sich auch die Betreiber von XING gedacht und stellen deshalb mit den Suchagenten ein Werkzeug zur Verfügung, das eine Suchabfrage nicht nur speichert, sondern in regelmäßigen Abständen erneut ausführt.

Am Ende der Ergebnisliste einer Abfrage erhalten Sie einen Link mit dem Hinweis *Suchagenten zu dieser Suche einrichten*. Sie gelangen damit zu einer neuen Seite. Dort vergeben Sie für die Suche eine Bezeichnung und können das Suchintervall wählen. Mit *Speichern* schließen Sie die Einrichtung der Suche ab.

Suchagenten einrichten!

Die so gespeicherten Suchläufe stehen anschließend im Abschnitt *Suchagenten* zur Verfügung, den Sie über *Mitglieder* erreichen. Dort führen Sie die Suche manuell erneut aus, indem Sie auf die kleine Lupe klicken, oder löschen einen Suchagenten wieder.

Das Komfortable bei Suchagenten besteht darin, dass diese zuverlässig zum eingestellten Termin ausgeführt werden. Das Ergebnis der Suche erhalten Sie dann bequem in Form einer Mail, die Ihnen eine Auswahl der Treffer in Form von Links liefert und einen Verweis enthält, der Sie dann auf eine Seite mit Treffern führt.

5.1.3 Powersuche

Die Powersuche bietet Ihnen einige vorformulierte Abfragen an, die sich so über die Standardsuchfunktion nicht erreichen lassen. Um eine dieser Funktionen zu nutzen, wählen Sie die Abfrage aus den angebotenen Modulen und klicken Sie auf den Link *Weiter*.

Lassen Sie sich Kontakte anzeigen, die sich bereits für Sie interessiert haben!

Der Bereich gliedert sich in mehrere thematische Blöcke. Den ersten Block bilden Recherchemöglichkeiten, die Ihnen dabei helfen, Mitglieder zu finden, die sich bereits für Sie oder Ihr Umfeld interessiert haben. So wird Ihnen hier angeboten, sich die Mitglieder anzeigen zu lassen, die Ihre Profilseite kürzlich aufgerufen oder aber die eine der URLs Ihrer Firmen-Homepage oder die Homepage Ihrer Ex-Firmen aktiviert haben.

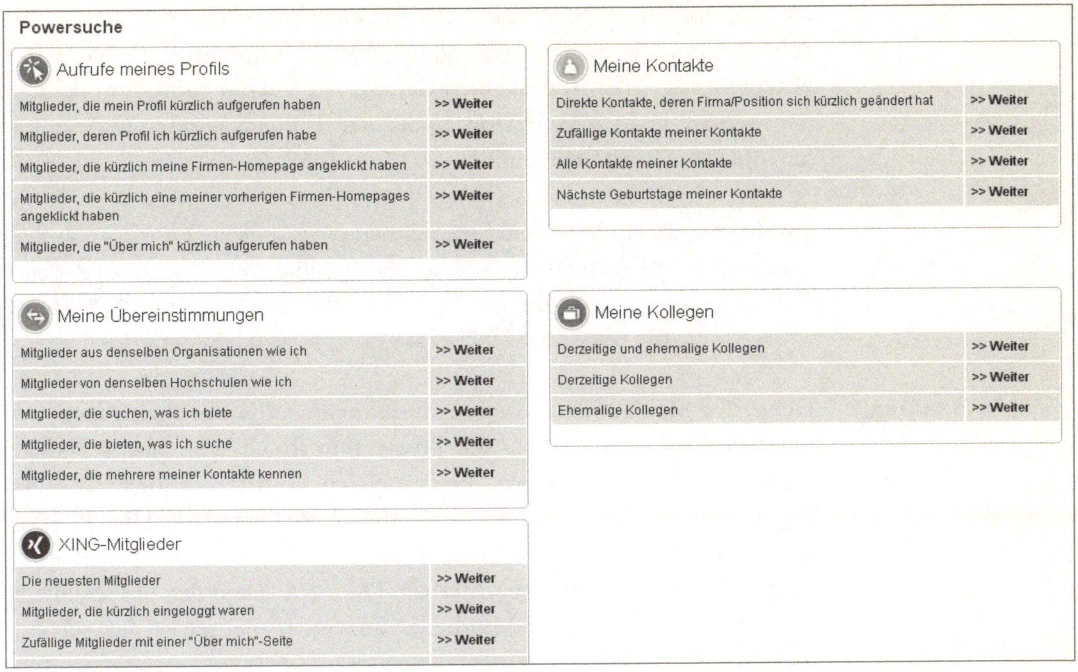

Abb. 5–5
Die Powersuche bietet vielfältige Möglichkeiten.

Nach meiner Erfahrung trauen sich viel zu wenige Mitglieder, dieses Ereignis zum Anlass für ein Gespräch zu nehmen. Das andere Mitglied hat sich aber nun bereits über Sie informiert, und was liegt da näher, als sich einmal nach dem Grund zu erkundigen. Natürlich sollte diese Anfrage auch nicht zu plump sein. Eine Nachricht, die lediglich die Frage nach dem Warum enthält, ist wohl wenig zielführend. Erwidern Sie zunächst den Besuch der Profilseite. Wenn Sie die Funktion ausführen, um sich anzeigen zu lassen, wer Ihre Profilseite besucht hat, wird Ihnen von XING auch der Grund angezeigt. So erkennen Sie beispielsweise, dass der andere auf einen Ihrer Gruppenbeiträge geklickt hat. Damit Sie sich zeitnah darüber informieren können, wer sich auf Ihrer persönlichen Seite getummelt hat, wird Ihnen für das Ergebnis ein RSS-Feed angeboten. Wie Sie einen solchen RSS-Feed abonnieren, zeige ich Ihnen in Abschnitt 9.7.

Lassen Sie das Interesse des anderen nicht einfach an sich vorbeigehen, machen Sie etwas daraus!

Der Abschnitt *Meine Kontakte* der Powersuche erweist sich als besonders praktisch, wenn Sie schnell gezielt Informationen aus Ihren Kontakten herausziehen wollen. Sehr nützlich zur Kontaktpflege ist die Funktion, die Ihnen die nächsten Geburtstage Ihrer Kontakte anzeigt. Ebenfalls sehr wertvoll ist die Funktion, mit der Sie ermitteln können, welcher Ihrer Kontakte eine neue Position bekleidet oder das Unternehmen gewechselt hat. Die regelmäßige Abfrage dieser Suche liefert erneut Gesprächsstoff und einen Grund, sich wieder einmal zu melden. Wünschen Sie doch viel Erfolg in der neuen Position oder einen guten Start im neuen Unternehmen!

> Sie können Ihre persönliche Startseite auch so konfigurieren, dass Ihnen bereits dort die nächsten anstehenden Geburtstage präsentiert werden. Ein Glückwunsch zum persönlichen Ehrentag ist immer eine gute Möglichkeit, um sich bei einem Kontakt in Erinnerung zu bringen.

Suche nach Gemeinsamkeiten

Der große Block *Meine Übereinstimmungen* enthält Suchanfragen, um die Mitglieder zu finden, die etwas mit Ihnen gemeinsam haben. Suchen Sie nach Kontakten, die den gleichen Organisationen angehören oder die gleiche Hochschule wie Sie besucht haben. Hier können Sie auch Personen suchen, die genau das anbieten, was Sie auf Ihrer Profilseite unter Suche notiert haben. Oder Sie gehen den umgekehrten Weg und lassen sich die Mitglieder anzeigen, die genau das suchen, was Sie anbieten.

Einen sehr guten Anknüpfungspunkt für Kontaktanbahnung und Gespräche bilden Kontakte, die mehrere Ihrer Kontakte kennen. Die Wahrscheinlichkeit ist groß, dass Sie mit diesen Kontakten viel gemeinsam haben und sich diese in der täglichen Arbeit als nützlich erweisen können.

Der letzte Block der Powersuche lädt Sie dazu ein, sich umzuschauen, und entspricht dem Umhergehen auf einer Party. Informieren Sie sich hier darüber, wer gerade zu XING gestoßen ist oder gerade eingeloggt war. Ein wenig wie das Surfen im Internet ist die zufällige Abfrage von Mitgliedern mit einer »Über mich«-Seite.

> Wenn Sie noch keine Idee für die Gestaltung Ihrer eigenen »Über mich«-Seite haben, dann führen Sie doch diese Funktion aus, um sich etwas inspirieren zu lassen!

5.1.4 Erweiterungen für Firefox und Internet Explorer

Für die einfache Abfrage von Kontaktinformationen zwischendurch bietet Ihnen XING eine Erweiterung für die Browser Firefox und Internet Explorer 7 an. Sie erweitern damit die ohnehin integrierten Suchfunktionen der Browser um das Netzwerk von XING. Um die Erweiterung zu installieren, genügt es, in den Bereich *Mitglieder* zu wechseln. Dort finden Sie im oberen Bereich einen kurzen Hinweistext auf die Erweiterung. Klicken Sie darauf, um direkt aus dem Browser die Installation zu starten. Alternativ finden Sie die Erweiterungen aber auch über den Bereich *Downloads*. Dessen Eintrag finden Sie am oberen Bildschirmrand. Sind Sie im Verzeichnis angelangt, klicken Sie auf den Schalter *Installieren*, der sich neben dem gesuchten Browsernamen befindet.

Abb. 5-6
Die Nachfrage des Browsers zur Installation

Es erfolgt eine kurze Nachfrage des Browsers, ob Sie die Erweiterungen tatsächlich installieren wollen. Bestätigen Sie den Dialog mit einem Druck auf *OK*.

Auf den ersten Blick scheint sich nicht viel getan zu haben, da es scheinbar keine sichtbare Veränderung gegeben hat. Drücken Sie dagegen auf den kleinen Pfeil im Suchfeld des Browsers, wird Ihnen dort nun das Icon von XING angezeigt.

Ergebnisse nur nach Login!

Wählen Sie den Eintrag an und geben Sie dort einen gesuchten Begriff oder Namen ein. Drücken Sie anschließend die Eingabetaste, wird Ihre Anfrage an das System von XING weitergegeben. Sind Sie nicht eingeloggt, gelangen Sie damit zunächst zur Anmeldeseite.

Abb. 5-7
Das Suchfeld in Firefox

Passen zum Suchbegriff mehrere Ergebnismengen, beispielsweise im Falle einer Suche nach einer Firma die Listen der aktiven oder ehemaligen Mitarbeiter, gelangen Sie zu einer Zwischenseite, aus der Sie die gewünschte Kategorie auswählen, um sich dann die detaillierte Trefferliste einzublenden.

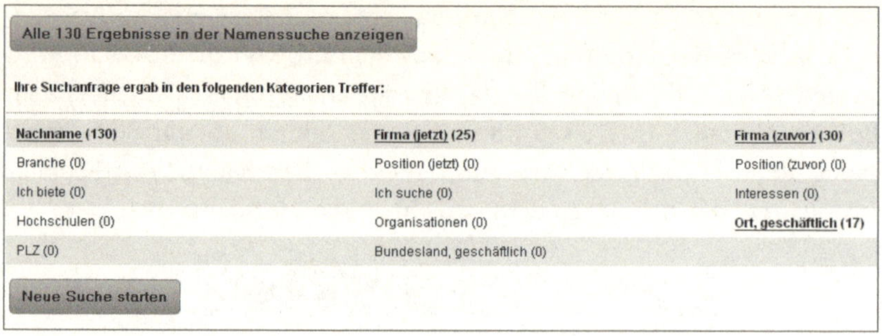

Abb. 5–8
Die gefundenen Kategorien nach einer Suchabfrage

5.2 Einen Kontakt hinzufügen

Qualität vor Quantität!

Mitglieder, mit denen Sie dauerhaft arbeiten wollen, können Sie in Ihre eigenen Kontakte aufnehmen. Leider verstehen viele Neueinsteiger den Statistikbereich auf der eigenen Profilseite falsch und setzen sich zum Ziel, möglichst schnell eine möglichst große Zahl an Kontakten zu sammeln. Darum geht es hier aber gar nicht. Wie so oft im Leben siegt die Qualität vor der Quantität. Bestimmt ist es verlockend, möglichst viele Bekannte, Kollegen oder Ex-Kollegen in die Kontakte aufzunehmen. Denken Sie aber daran, dass Kontakte auch gepflegt sein wollen. Wer einige hundert Adressen in seiner Liste pflegt, wird sich kaum intensiv um seine Kontakte kümmern können.

Betrachten Sie die Profilseite eines Mitglieds, das sich noch nicht in Ihren Kontakten befindet, bietet Ihnen XING neben dem Namen der Person einen kleinen Abschnitt mit möglichen Aktionen zu diesem Kontakt.

Möchten Sie das Mitglied in Ihre Kontakte aufnehmen, folgen Sie dem Verweis *Als Kontakt hinzufügen* auf der Bildschirmseite. Sie gelangen damit als Nächstes zu einer Bildschirmseite, in der Sie der gewünschten Person eine Nachricht zukommen lassen können, die den Grund für die Kontaktaufnahme erläutert.

Wie bereits erwähnt, lebt das Netzwerk von XING auch von der Qualität der Kontakte. Um sicher zu sein, dass ein Kontakt tatsächlich in einer Verbindung zu ihr steht, muss eine Person, die Sie zu Ihren Kontakten hinzufügen wollen, dieser Aufnahme zustimmen.

Informationen freigeben

Unmittelbar darauf gelangen Sie zur Freigabe der Kontaktinformationen. Hier können Sie die verschiedenen Informationen bearbeiten, die das Mitglied von Ihnen sehen darf. Die Einstellungen lassen sich dort sehr fein wählen. Mit einem Klick auf eines der Pluszeichen werden die Informationen der entsprechenden Kategorie sichtbar und lassen sich von Ihnen ab- oder anwählen.

Um einem weit verbreiteten Missverständnis vorzubeugen: Auch Ihre eigenen Kontakte sehen immer nur die Informationen, die Sie freigegeben haben. Lassen Sie sich nicht vom Aufruf Ihrer eigenen Seite täuschen. Selbstverständlich sehen Sie persönlich immer alle eingestellten Daten! Die Freigabe von Informationen können Sie jederzeit korrigieren und an Ihre Bedürfnisse anpassen.

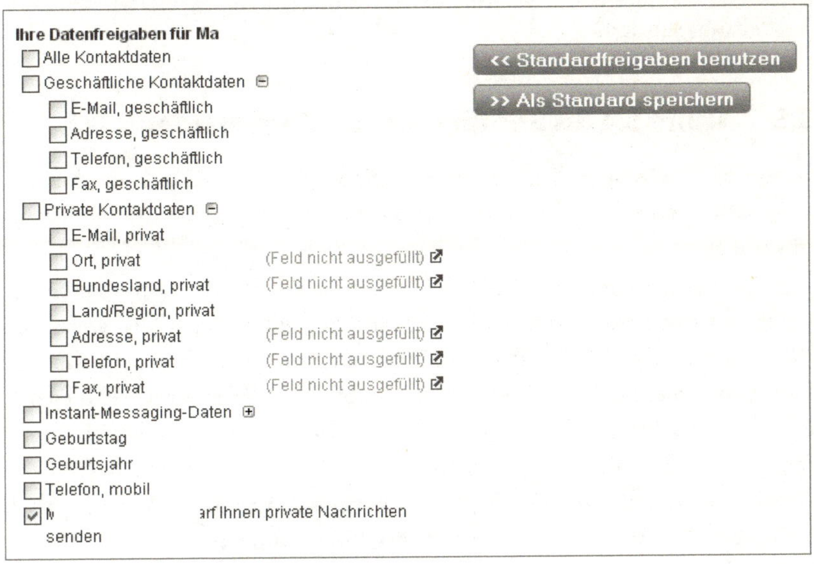

Abb. 5–9
Die erweiterten Freigaben erlauben graduellere Einstellungen.

Die Datenfreigabe können Sie auch später noch bei einem Kontakt individuell festlegen. Dazu bietet Ihnen XING zwei verschiedene Ansichten an. Wenn Sie in der Ansicht *Adressbuch* den Link *Datenfreigabe anzeigen* auswählen, können Sie global verschiedene Datengruppen freigeben.

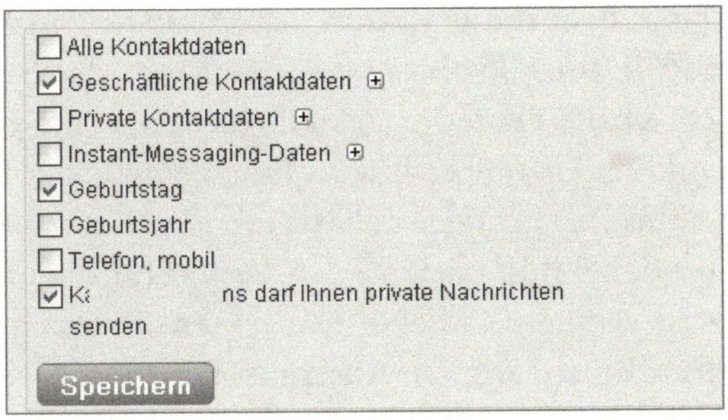

Abb. 5–10
Freigabe in der Übersicht der Kontakte

Die Freigabe können Sie aber auch auf der Profilseite des Kontakts bearbeiten.

Haben Sie das Hinzufügen eines Kontakts erfolgreich abgeschlossen, wird der Kontakt nun zu Ihrem Adressbuch hinzugefügt. Dort wandert er in eine eigene Liste der *unbestätigten Kontakte*. Ihre Kontaktanfrage befindet sich bei Ihrem Kontakt in dessen To-do-Liste der zu bestätigenden Kontakte. Dort kann er die Beziehung zwischen Ihnen beiden einfach bestätigen oder Ihnen im Gegenzug ebenfalls eine Mitteilung senden.

5.3 Wenn Sie als Kontakt hinzugefügt werden

Schon nach wenigen Tagen der Mitgliedschaft bei XING werden Sie vielleicht erstmals mit einer Kontaktanfrage im eigenen Posteingang überrascht.

Wenn Sie nicht wollen, lehnen Sie den Kontakt ab!

Niemand zwingt Sie, eine solche Kontaktaufnahme positiv zu bestätigen. Sie tun weder sich noch dem anderen einen Gefallen, wenn Sie Ihrer Sammlung einen inaktiven Kontakt hinzufügen. In einem solchen Fall lehnen Sie das Kontaktersuchen einfach ab. Höflicher ist es, dies mit einer Nachricht zu tun. Weisen Sie dabei doch das andere Mitglied einfach auf die Möglichkeit hin, Kontakte zu merken. Haben Sie nach dem Besuch der Profilseite des Mitglieds aber den Eindruck gewonnen, dass sich die Aufnahme in das eigene Adressbuch lohnt, oder kennen Sie die Person bereits, bestätigen Sie die Kontaktaufnahme einfach.

5.4 Kontakt für später merken

Was die meisten Mitglieder leicht übersehen: Erscheint ein Kontakt viel versprechend, fehlt es aber aktuell an Handlungs- oder Gesprächsbedarf, lässt sich die Person einfach temporär in die eigenen Kontakte aufnehmen. Dazu dient die Funktion des Merkens von Personen, die Ihnen beim Aufruf einer Profilseite in der Mitte der Seite angezeigt wird. Die beschriebene Prozedur des Hinzufügens entfällt dabei. Folgen Sie dem Link *Person merken*, wird Ihnen ein kleiner Dialog eingeblendet. Dort haben Sie genügend Platz, um eine Notiz zu hinterlegen, die Ihnen später dabei hilft, sich an den Grund für die mögliche Kontaktaufnahme zu erinnern. Alle so gemerkten Personen werden von XING ebenfalls in einem eigenen Abschnitt Ihrer Kontakte aufgelistet, sodass Sie auch schnell wieder darauf zugreifen können.

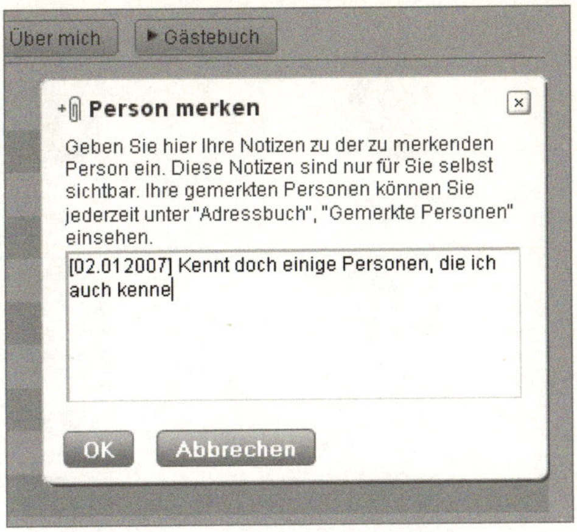

Abb. 5–11
Merken Sie sich einen Kontakt für eine spätere Zusammenarbeit.

5.5 Mit Ihren Kontakten arbeiten

In Ihrem Adressbuch bilden die drei Bereiche der bestätigten und unbestätigten Kontakte sowie der gemerkten Personen Ihre Arbeitsgrundlage.

Das Adressbuch kennt zwei verschiedene Ansichten. Einmal lassen sich die Kontakte in Form einer Liste darstellen. Hier werden der Name, das Unternehmen sowie das Foto der Person dargestellt. Zu jedem Kontakt finden Sie zusätzlich die angebotenen Aktionen, wie das Versenden von Nachrichten.

Die zweite Darstellung orientiert sich an Visitenkarten. Insgesamt optisch großzügiger sehen Sie neben Name, Unternehmen und Foto die Telefonnummern sowie Icons für die verschiedenen Aktionen. Zwischen den beiden Ansichten schalten Sie über die kleinen Icons in der rechten oberen Ecke des Adressbuchs unter *Ansicht* um (siehe Abb. 5–12 und 5–13).

Abb. 5–12
Über diese Icons wechseln Sie die Darstellung innerhalb des Adressbuchs.

Damit Sie sich in Ihrem Adressbuch schneller orientieren können, ist im oberen Bereich ein kleines alphabetisches Register angelegt. Mit einem Klick auf den entsprechenden Anfangsbuchstaben gelangen Sie zu den passenden Kontakten. Sind zu einem Buchstaben mehr Einträge vorhanden, als auf eine Bildschirmseite passen, navigieren Sie mit den Textlinks am unteren Rand des Bildschirms weiter.

Abb. 5-13
Die Visitenkartenansicht Ihres Adressbuchs

»Tagging« zur besseren Übersicht

Während die Sortierung nach Namen das übliche Ordnungskriterium für ein Adressbuch ist, bietet XING zusätzlich auch eine Verschlagwortung an. Solche Stichworte, die, aus dem amerikanischen Sprachraum abgeleitet, als »Tags« bezeichnet werden, kommen auf immer mehr Portalen zum Einsatz. Die Verschlagwortung erweist sich nicht nur bei einer großen Zahl von Kontakten als sehr praktisch. In kurzen Stichworten können Sie damit eine Person charakterisieren oder verbindende Elemente aufschreiben, um später gezielt danach zu suchen. Haben Sie eine Person etwa auf einer Fachmesse getroffen, nutzen Sie doch den Namen der Messe als eines der Stichworte. Fällt Ihnen zu einem späteren Zeitpunkt einmal der Name einer Person nicht mehr ein, haben Sie über das Etikett immer noch die Möglichkeit, den Eintrag zu finden.

Wie auf anderen Portalen, die sich dieser Technik bedienen, ist auch im Adressbuch von XING eine so genannte Tag-Cloud zu finden. Dies ist eine Zusammenstellung der von Ihnen verwendeten Schlagworte.

Abb. 5-14
Tag-Cloud im Adressbuch

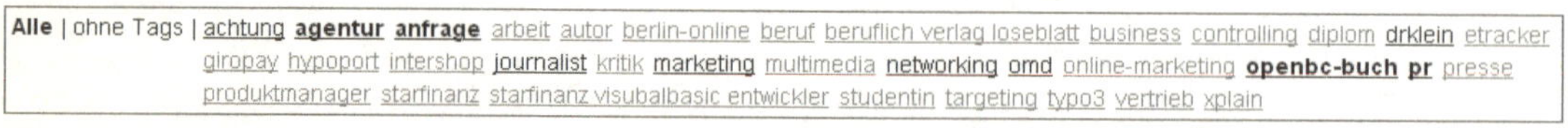

Die Stärke der Hervorhebung korrespondiert hier mit der Häufigkeit, mit der Sie den Begriff eingesetzt haben. Je fetter ein Schlagwort dargestellt wird, desto mehr Kontakte haben Sie mit diesem Etikett versehen.

Die zu einer Person gehörenden Tags bearbeiten Sie auf Wunsch an verschiedenen Stellen. Bereits beim Hinzufügen eines Kontakts zu Ihrem Adressbuch finden Sie im unteren Bereich der Bildschirmseite einen eigenen Abschnitt, in dem Sie die Stichworte eintragen. Sie dürfen so viele Stichworte vergeben, wie Sie dies für richtig halten. Die Folge »omd, marketing, agentur, seo« könnte etwa die Begegnung mit einem Mitarbeiter einer Marketing-Agentur auf der Messe OMD beschreiben. Die Etiketten, die Sie einer Person anheften, müssen mit einem Komma voneinander getrennt sein.

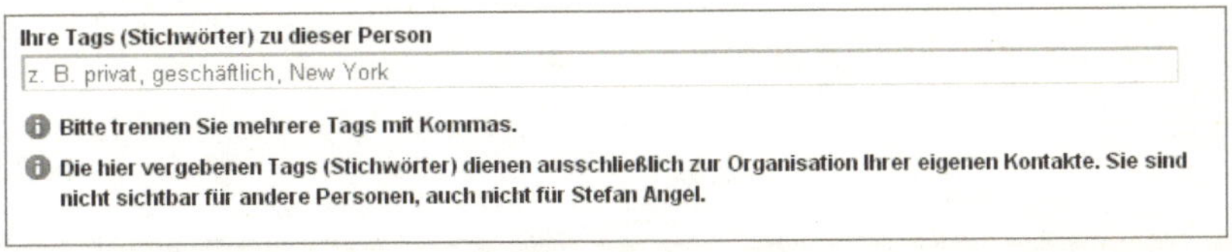

Abb. 5–15
Vergeben Sie bereits beim Hinzufügen eines Kontakts die Tags.

> Die Tags, die Sie einer Person zuweisen, sind nur für Sie persönlich sichtbar. Ihre Kontakte sehen diese nicht.

Auch auf der Profilseite eines bereits angelegten Kontakts finden Sie im rechten oberen Abschnitt ein Feld zur Vergabe von Tags vor. Es genügt, mit der Maus in das Feld zu klicken, um mit der Bearbeitung zu beginnen. Haben Sie alle Schlagworte vergeben, klicken Sie abschließend auf *Speichern*. Schließlich lässt sich diese Arbeit auch noch in der Listenansicht Ihres Adressbuchs vornehmen. Nach dem Aufruf dieser Darstellung aktivieren Sie die Option *Tags anzeigen*. Zu jedem Kontakt wird nun die Zeile mit den Tags angezeigt. Bearbeiten Sie diese nach Wunsch, aber vergessen Sie das Speichern nicht.

Nach den Tags suchen Sie nicht nur mit der Tag-Cloud selbst. Innerhalb des Adressbuchs ist auch eine eigene Suchfunktion nach Tags platziert.

Kontakte mit Notiz versehen

Schnell übersehen wird eine Funktion, die aus den Kontakten bei XING ein vollwertiges Kontaktmanagement macht. Rufen Sie die Seite eines Ihrer Kontakte auf, ist am rechten Rand ein Feld zum Anlegen einer Notiz vorhanden. Diese Notiz kann ausschließlich von Ihnen eingesehen werden, dient also nur Ihrer persönlichen Information. Es genügt, in das Fenster zu klicken, um mit der Bearbeitung zu beginnen. Die Notiz enthält dann praktischerweise bereits das aktuelle Datum. Geben Sie nun einen beliebigen Text ein. Mit einem Druck auf *Speichern* übernehmen Sie die Änderungen.

Kontakte exportieren

»Kennst Du nicht jemanden, der ...?« Sicher kommt auch Ihnen diese Frage bekannt vor. Mitglieder eines Netzwerks helfen sich gern bei der Vermittlung eines Kontakts. Ist der Nachfragende ebenfalls Mitglied von XING, können Sie die komfortable Funktion der Kontaktvermittlung nutzen. Um die Kontaktdaten einer Person weiterzugeben, steht Ihnen aber noch eine weitere Möglichkeit zur Verfügung, die direkt von der Profilseite einer anderen Person aufgerufen werden kann. Klicken Sie unter *Optionen* einfach auf den Eintrag *Exportieren*.

Abb. 5-16
Direkt von der Profilseite können Sie den Export des Kontakts starten.

Dabei wird eine so genannte VCF-Datei erzeugt. Dabei handelt es sich um ein Dateiformat für den Austausch von Kontaktinformationen, das von der überwiegenden Zahl der am Markt befindlichen persönlichen Informationsmanager (PIM) gelesen und importiert werden kann (z.B. Outlook, Entourage etc.).

Abb. 5-17
Was soll mit der zu übertragenden Datei passieren?

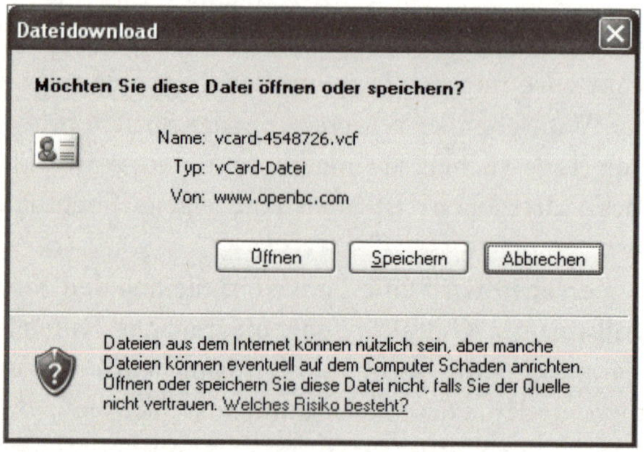

Sobald Sie die Funktion aufrufen, werden Sie wenige Augenblicke später von Ihrem Browser gefragt, was mit der zu übertragenden Datei geschehen soll. Der Internet Explorer bietet Ihnen hier das Öffnen und Speichern an. Entscheiden Sie sich hier immer für *Speichern* und legen

Sie die so genannte vCard in einen Ordner Ihrer Wahl ab. Diese VCF-Datei können Sie als Dateianhang per E-Mail weiterleiten oder Ihrem Informationsmanager hinzufügen. Nachfolgend möchte ich Ihnen zeigen, wie Sie dies in Outlook erledigen.

Kontakt in Outlook importieren

In Outlook etwa gehen Sie dazu so vor:

- Wechseln Sie in Outlook in die Kontakte.
- Führen Sie aus dem Menü *Datei* das Kommando *Importieren/Exportieren* aus.
- Es startet der erste Schritt des Assistenten.
- Entscheiden Sie sich hier für *vCard-Datei importieren.*
- Drücken Sie auf *Weiter.*
- Im Dateidialog wechseln Sie in den Ordner, in dem sich die VCF-Datei befindet.
- Markieren Sie den Dateieintrag und drücken Sie auf *Öffnen.*

Der Kontakt wird nun Ihrer Sammlung hinzugefügt.

5.6 Werden Sie zum Makler – Kontakte vermitteln

Wenn Sie wollen, können Sie zwei Ihrer unmittelbaren Kontakte einander vorstellen. Dies kann in XING auf zwei Wegen direkt erfolgen:

Kontakt vorstellen oder Kontakt empfehlen.

Sie stellen die Kontakte einander vor. Dazu schreiben Sie der Zielperson eine Nachricht mit den Kontaktinformationen der Person, die Sie vorstellen wollen. Wie bei einem persönlichen Gespräch zu dritt wissen alle Beteiligten davon.

Sie empfehlen einem Ihrer Kontakte oder einem anderen Bekannten ein Mitglied. Der Kontakt, den Sie empfehlen möchten, bekommt davon nichts mit. Die Empfehlung kann aber auch per E-Mail an Nicht-Mitglieder ausgesprochen werden.

Kontakt empfehlen

Um einen Kontakt einer anderen Person zu empfehlen, rufen Sie die Profilseite der Person auf und klicken unter *Optionen* auf *Vorstellen.*

Abb. 5–18
Über diesen Link auf der Profilseite beginnen Sie mit der Vorstellung.

Sie gelangen damit zu einer Zwischenseite, die Ihnen die beiden zur Auswahl stehenden Optionen (Empfehlung und Vermittlung) anbietet.

Markieren Sie dort die Empfehlung und legen Sie nun den Empfänger fest. Wählen Sie entweder aus dem Listenfeld einen Ihrer Kontakte aus, oder tragen Sie eine E-Mail-Adresse und Empfängernamen in die dafür vorgesehenen Felder ein (siehe Abb. 5–19).

Im Hauptbereich des Fensters bietet Ihnen der Editor genügend Platz für Ihre individuelle Nachricht. Dieser werden später noch weitere Angaben zum empfohlenen Kontakt wie Branche und Unternehmen beigefügt. Senden Sie Ihre Mitteilung nun ab, erhält der Empfänger eine Mitteilung in seinem Posteingang.

Personen einander vorstellen

Das Vorstellen zweier Kontakte läuft nach dem gleichen Prinzip ab. Rufen Sie also zunächst die Profilseite der Person auf, die Sie einem anderen vorstellen möchten. Dort wählen Sie *Vorstellen* aus. Im nachfolgenden Dialog, den Sie bereits kennen, markieren Sie die gewünschte Funktion.

Abb. 5–19
Vermitteln Sie einen Kontakt!

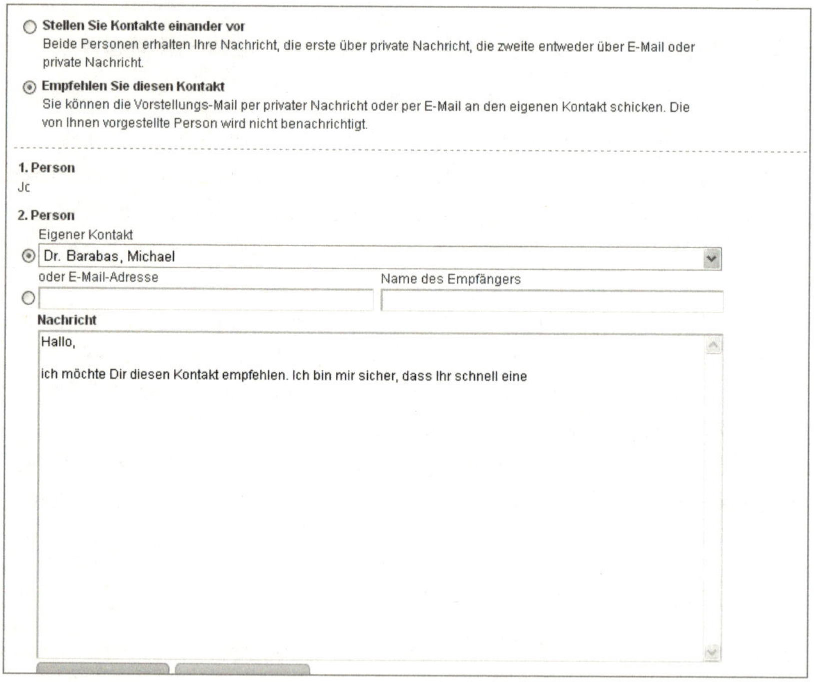

Der weitere Ablauf ist identisch: Im Listenfeld markieren Sie den Namen der Person, der Sie den ausgewählten Kontakt vorstellen wollen, oder tragen alternativ eine E-Mail-Adresse ein. Schreiben Sie schließlich Ihre Nachricht. Denken Sie daran, dass beide Kontakte diesen Text lesen können, beziehen Sie also auch beide Personen mit ein. Erläutern Sie, warum Sie die Kontakte miteinander bekannt machen wollen und welche Gemeinsamkeiten Sie persönlich sehen. Mit einem Druck auf *Bestätigen* gehen die beiden Nachrichten auf die Reise.

5.7 Wie sind Sie mit anderen verbunden?

Haben zwei Mitglieder eine Kontaktanbahnung bestätigt, sind sie unmittelbar miteinander verbunden. XING spricht in diesem Fall von einem direkten Kontakt. Getreu dem Motto »Jeder kennt jeden« werden Sie beim Stöbern in den Kontakten eines anderen schnell auf bekannte Gesichter stoßen.

Rufen Sie die Profilseite eines Mitglieds auf, das mehrere Ihrer eigenen Kontakte kennt, wird am oberen Rand des Bildschirms eine Verbindung zwischen Ihnen dargestellt. Mit einem Klick auf das kleine Abspielsymbol werden nun die weiteren Verbindungen in Form einer Animation dargestellt.

Sehen Sie sich den Verbindungspfad zu einem Kontakt an!

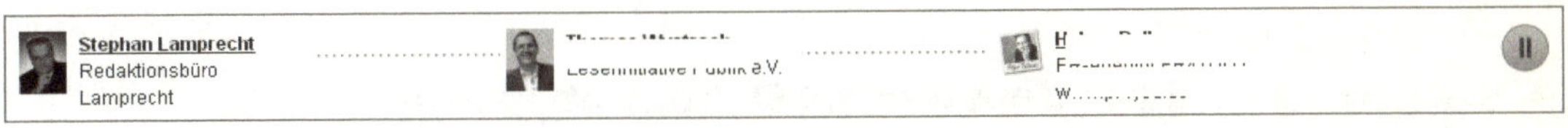

Abb. 5–20
Informieren Sie sich in Form einer Animation über die Verbindung zu einem anderen Mitglied.

Rufen Sie die Seite eines Ihrer bestehenden Kontakte auf, sehen Sie im oberen Bereich des Fensters den so genannten Verbindungspfad zu dieser Person. In der Nähe des Verbindungspfads ist der Link *Was wäre, wenn diese Person kein direkter Kontakt wäre?* angebracht (siehe Abb. 5–21).

Mit einem Klick auf diesen Link zeigt Ihnen XING alternative Verbindungen zwischen Ihnen und der Person an. Je nachdem, wie viele andere Personen der gewählte Kontakt kennt und über wie viele Ecken Sie miteinander verbunden sind, bauen sich unterschiedlich lange und umfangreiche Verbindungspfade auf.

Das Stöbern im Verbindungspfad ist sowohl informativ als auch eine Chance, auf weitere interessante Kontakte zu stoßen.

> Unter der *Powersuche* finden Sie ein verwandtes Werkzeug. Hier finden Sie »Mitglieder, die mehrere meiner Kontakte kennen«. Nach Ausführen dieser Suche erhalten Sie eine ausführliche Liste von Mitgliedern, die mehrere Ihrer Kontakte ebenfalls in der eigenen Kontaktsammlung führen.

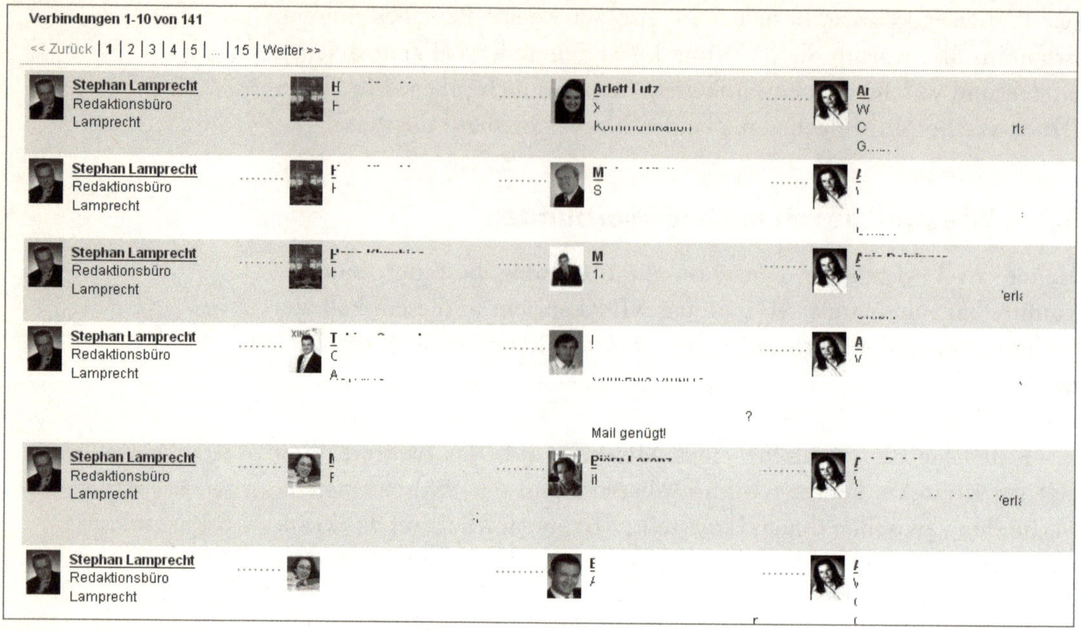

Abb. 5–21
Alternative Verbindungen zu einem Kontakt

5.8 Kontakte mit Outlook abgleichen

Outlook aus dem Hause Microsoft hat sich als eine der führenden Anwendungen für die Verwaltung von Kontakten, Terminen und Aufgaben in modernen Büros durchgesetzt. Smartphones und PDAs beinhalten in aller Regel eine Schnittstelle zum Synchronisieren ihrer Daten mit diesem Programm. So ist es kaum verwunderlich, dass auch XING ein kleines Programm anbietet, das Ihnen den Abgleich zwischen Ihren Outlook-Kontakten und dem Netzwerk ermöglicht.

5.8.1 Outlook-Plugin installieren

Das Plugin für Outlook ist im Bereich *Downloads* erhältlich. Klicken Sie einmal auf den Link *Download*, der sich neben dem Eintrag *XING-Plugin* befindet. Der Internet Explorer wird Sie fragen, wo die Datei gespeichert werden soll. Anschließend laden Sie sich eine installierbare Datei auf Ihren Rechner herunter.

1. Klicken Sie doppelt auf den Dateinamen.
2. Sie werden vom Installationsassistenten begrüßt. Drücken Sie hier einmal auf *Weiter*.

3. Damit gelangen Sie zur Anzeige der Lizenzbedingungen. Lesen Sie sich diese aufmerksam durch und nehmen Sie die Bedingungen an. Drücken Sie wieder auf *Weiter.*

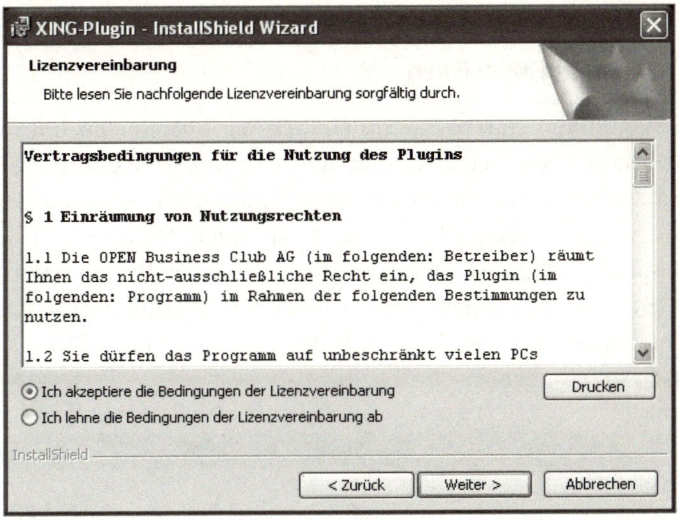

Abb. 5–22
Nehmen Sie die Lizenzbedingungen an!

4. Wie Sie es von anderen Anwendungen gewohnt sind, werden Sie vom Installationsprogramm gefragt, ob Sie das Programm nur für den angemeldeten Nutzer oder für alle Anwender des Computers installieren wollen. Wenn Sie sich für die letztere Option entscheiden, müssen Sie allerdings auch über die dazu notwendige Berechtigung verfügen.
5. Nach Auswahl der gewünschten Option drücken Sie erneut auf *Weiter.*
6. Sie können nun ein abweichendes Verzeichnis für die zu installierenden Programmkomponenten auswählen. Es ist empfehlenswert, die Voreinstellungen zu belassen.

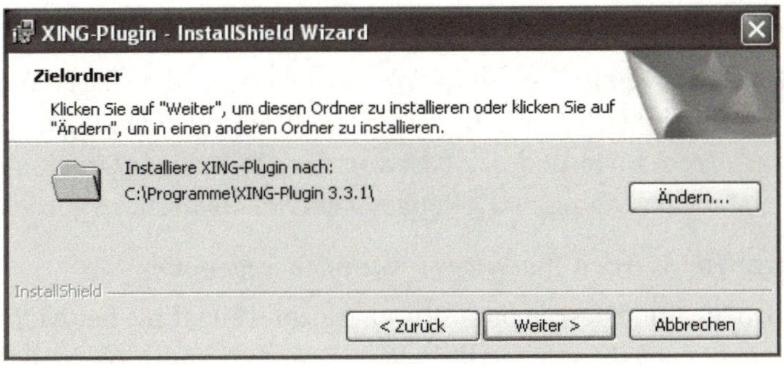

Abb. 5–23
Wollen Sie das Programm in ein abweichendes Verzeichnis installieren, stellen Sie dies hier ein.

7. Drücken Sie auf *Weiter.*
8. Drücken Sie im nachfolgenden Dialog auf *Installieren*. Damit startet die eigentliche Installation.
9. Beenden Sie den Assistenten mit einem Druck auf *Fertigstellen.*

5.8.2 Kontakte abgleichen

Das XING-Plugin starten Sie am einfachsten über seinen Eintrag auf Ihren Desktop. Nach einer erfolgreichen Installation sind in Outlook ein zusätzliches Menü und eine weitere Symbolleiste integriert worden, über die Sie ebenfalls das Plugin starten können. Sie gestalten sich die Arbeit mit dem Plugin noch angenehmer, wenn Sie Ihre Zugangsdaten im Programm hinterlegen. Dies sollten Sie allerdings nur dann in Betracht ziehen, wenn sichergestellt ist, dass ausschließlich Sie Zugriff auf das System haben.

Abb. 5–24
Der Startbildschirm des Plugins

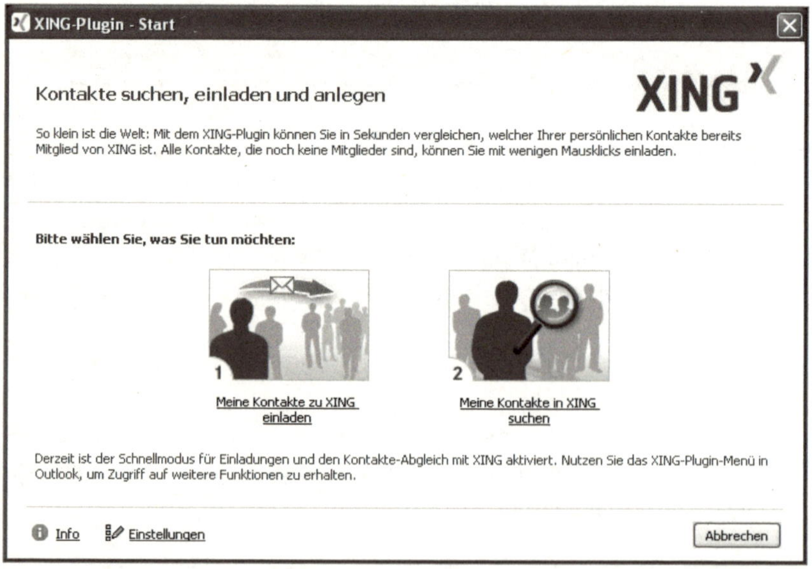

Dazu klicken Sie einmal auf den Link *Einstellungen*, der sich am unteren Rand des Startbildschirms befindet. Im nachfolgenden Dialog tragen Sie Ihren Benutzernamen und das Passwort ein. Mit einem Druck auf *OK* verlassen Sie den Dialog und gelangen zum Startbildschirm zurück.

Im Startmenü werden Ihnen zwei Aktionen angeboten:

- Laden Sie lokal gespeicherte Kontakte zur Teilnahme bei XING ein.
- Vergleichen Sie, welcher Ihrer Kontakte aus Outlook bzw. Notes bereits Mitglied bei XING ist.

Kontakte mit XING abgleichen: Wer ist bereits Mitglied?

Um nachzusehen, welcher Ihrer Kontakte sich bereits für eine Mitgliedschaft bei XING entschieden hat, starten Sie das erste Modul des Plugins. Es findet dann ein Datenabgleich statt, der es Ihnen erlaubt, die Mitglieder schnell und einfach zu Ihren XING-Kontakten hinzuzufügen.

Starten Sie das Modul *Meine Kontakte in XING suchen*. Sie gelangen damit zu einer Übersicht der in Outlook verfügbaren Ordner vom Typ Kontakte. Markieren Sie die Ordner, die Sie untersuchen wollen, mit der Maus.

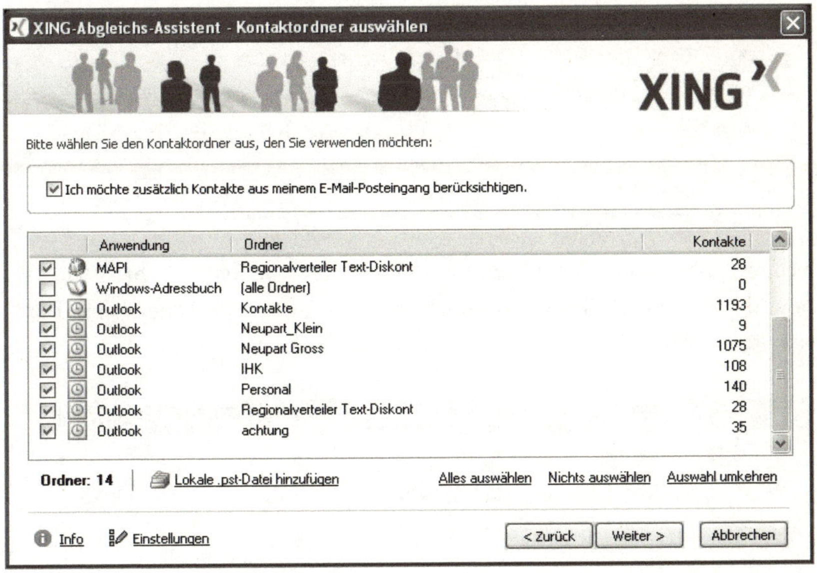

Abb. 5–25
Stellen Sie ein, welche Ordner Sie abgleichen wollen.

Mit den Links im unteren Teil des Fensters können Sie sich die Auswahl der Ordner erleichtern, da Sie die bestehende Auswahl umkehren oder mit einem Mausklick alle Ordner markieren können.

Drücken Sie nun auf *Weiter*, um zum nächsten Schritt zu gelangen. Es findet nun ein erster kurzer Suchlauf statt, der Ihnen in Form eines Zwischenergebnisses die Zahl der Übereinstimmungen anzeigt. Beim Start des Plugins direkt aus Outlook heraus entfällt dieser Schritt. Drücken Sie auf *Weiter*.

In diesem Dialog werden Ihnen die angelegten Kontakte angezeigt. Hier haben Sie die Möglichkeit, einzelne Kontakte von der Suche auszuschließen (siehe Abb. 5–26).

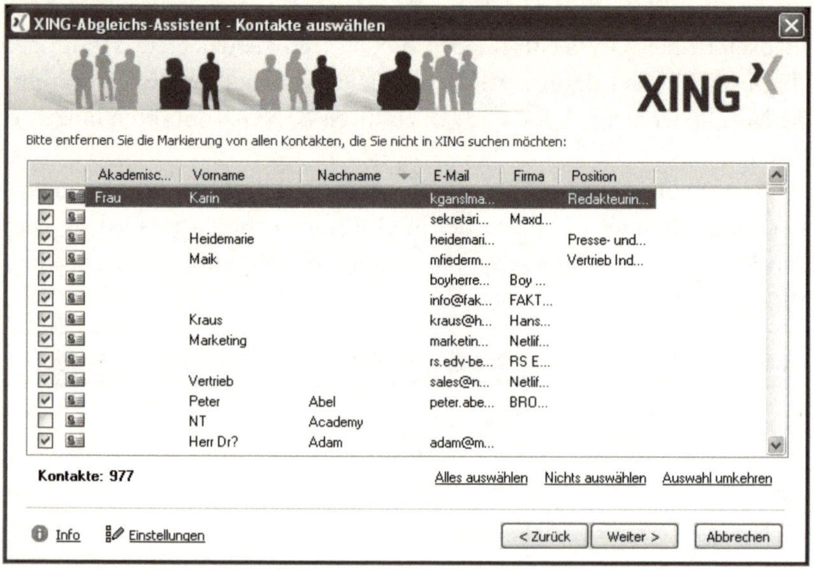

Abb. 5–26
Wählen Sie aus, nach welchen Kontakten Sie suchen wollen.

Mit einem Druck auf *Weiter* leiten Sie den nächsten Schritt ein. Es beginnt der eigentliche Suchlauf. Ein Balken zeigt Ihnen den Fortschritt der Suche.

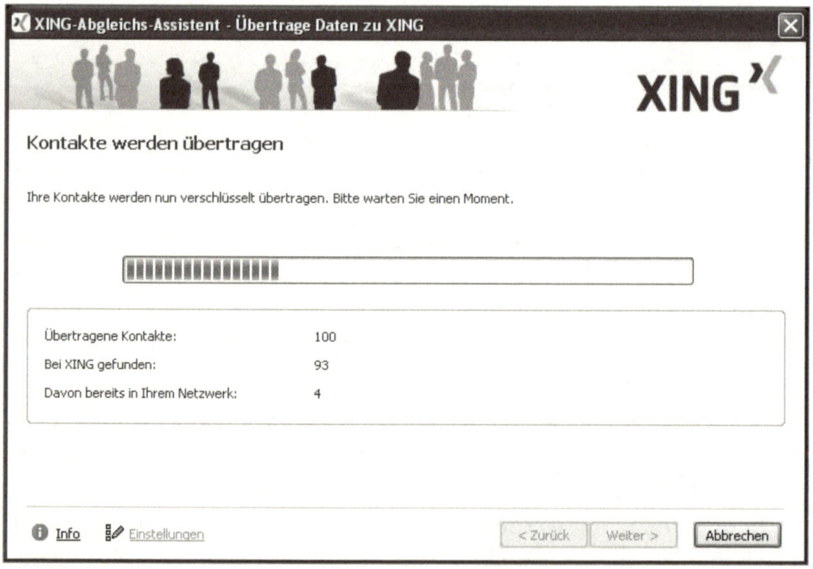

Abb. 5–27
Verfolgen Sie, wie weit die Suche ist.

Sie gelangen zu einer abschließenden Übersicht. Dort haben Sie nun die Möglichkeit, sich das Ergebnis des Suchlaufs in Ihrem Browser anzusehen, um direkt in XING die gefundenen Mitglieder Ihren Kontakten hinzuzufügen. Drücken Sie auf *Fertigstellen*.

Damit wird Ihr Browser gestartet und Sie gelangen zur Trefferseite. Diese gliedert sich in drei Bereiche:

- *Abgleich-Treffer:*
  Hier ist die Datenübereinstimmung so groß, dass es sich um einen sicheren Treffer handelt.
- *Unsichere Treffer:*
  Hier stimmen einige Details nicht exakt mit Ihren hinterlegten Informationen überein. Vielleicht hat der Kontakt ja inzwischen das von Ihnen gespeicherte Unternehmen verlassen? Vergleichen Sie also manuell.
- *Kontakt-Treffer:*
  Diese sind bereits Mitglied in Ihrem Netzwerk.

Gehen Sie nun die einzelnen Bereiche durch. Die Ansichten unterscheiden sich dabei nicht von anderen Trefferlisten. Mit einem Klick auf den Namen des Kontakts wird seine Selbstdarstellung aufgerufen. Mit den Angaben dort können Sie überprüfen, ob es sich tatsächlich um den von Ihnen gesuchten Kontakt handelt.

Abb. 5-28
Die Trefferlisten nach dem Abgleich mit Ihren Kontakten

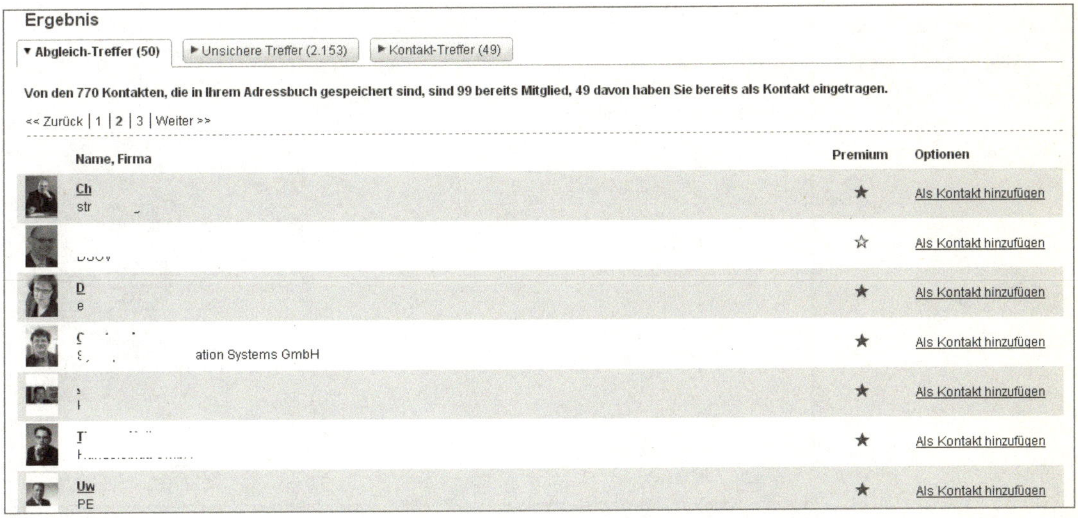

Sie können nun gezielt die einzelnen Listen durchgehen. Über den Link am rechten Rand können Sie einen Treffer Ihren Kontakten hinzufügen.

Kontakte aus Ihren Kontakten zu XING einladen

Im nachfolgenden Abschnitt werde ich Ihnen noch weitere Möglichkeiten vorstellen, wie Sie Ihr persönliches Netzwerk in XING vergrößern können. Richtig komfortabel erledigen Sie dies mit dem Plugin für Ihren PIM.

Dazu starten Sie zunächst das Programm über seinen Eintrag im Startmenü von Windows. In der nachfolgenden Übersicht markieren Sie den Abschnitt *Meine Kontakte zu XING einladen*. Oder Sie nutzen das Menü *XING* direkt in Outlook. Auch hier aktivieren Sie den Eintrag *Einladung Ihrer Kontakte zu XING*. Damit gelangen Sie zum ersten Schritt des Assistenten. In diesem Dialog markieren Sie die Ordner Ihres Programms, die beim Abgleich der Einträge berücksichtigt werden sollen. Drücken Sie anschließend auf den Schalter *Weiter*.

In diesem Schritt werden nun die in den ausgewählten Ordnern gespeicherten Kontakte für den Abgleich selektiert. Hier können Sie, wenn Sie es denn wünschen, gezielt einzelne Kontakte vom Abgleich ausnehmen. Sind Sie mit der Selektion zufrieden, drücken Sie erneut auf *Weiter*.

Die Kontakte werden anschließend verschlüsselt zur Plattform übertragen und mit den Einträgen der Mitgliederdatenbank abgeglichen. Am Ende des Vorgangs werden Sie vom abschließenden Dialog begrüßt.

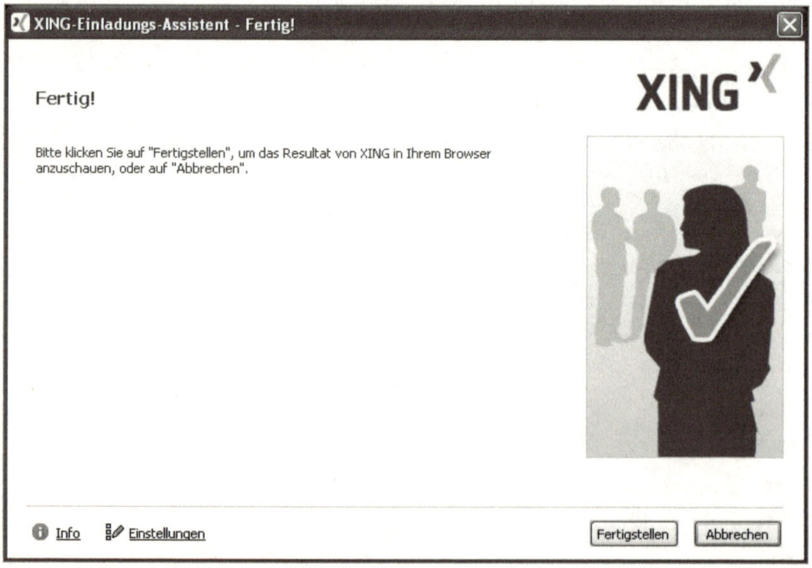

Abb. 5–29
Sie haben es geschafft! Nun können Sie weitere Mitglieder einladen!

Drücken Sie hier auf *Fertigstellen*. Damit wird der auf Ihrem System als Standard eingestellte Browser gestartet und ein Formular auf der Plattform geöffnet. Dort können Sie eine Einladung per E-Mail versenden. Im Abschnitt *E-Mail-Adressen der Empfänger* sind alle Mail-Adressen hinterlegt, deren Abgleich ergeben hat, dass es sich dabei noch nicht um XING-Mitglieder handelt. Ändern Sie innerhalb des

Formulars den Betreff nach Ihrem Wunsch ab und schreiben Sie in den Hauptteil des Fensters Ihre persönliche Nachricht an die Empfänger. Schildern Sie hier aus Ihrer Sicht die Vorteile der Mitgliedschaft. Möchten Sie eine Kopie der Einladung erhalten, aktivieren Sie die entsprechende Option am unteren Bildschirmrand. Mit einem Druck auf *Absenden* schließen Sie den Vorgang ab.

Abb. 5–30
Nach dem Abgleich können Sie Ihre persönlichen Kontakte einfach per Mail zu XING einladen.

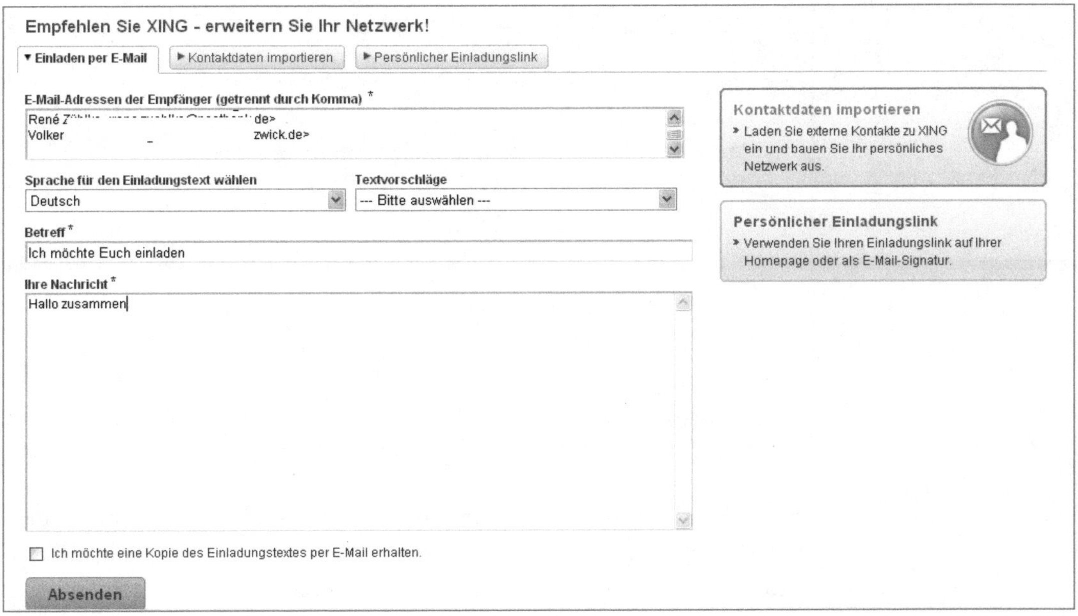

Wenn Sie XING erst einmal intensiver nutzen, werden Sie darüber neue interessante Kontakte knüpfen, deren Kontaktinformationen Sie sicherlich auch gern mit Outlook verwenden wollen. Mit dem Plugin ist auch dies möglich. Dazu rufen Sie in Outlook aus dem Menü *XING* den Befehl *XING Kontakte importieren* auf. Wieder begrüßt Sie das Plugin mit einem neuen Fenster. Drücken Sie dort auf *Weiter*. Das Programm lädt nun in verschlüsselter Form Ihre Kontakte herunter. Abhängig von der Zahl der Kontakte und Ihrer Internetverbindung kann dieser Vorgang einige Zeit dauern. Verlieren Sie also nicht die Geduld. Ist die Abfrage erfolgreich abgeschlossen, werden Ihnen die zu importierenden Kontakte angezeigt. In diesem Dialog lassen sich Elemente gezielt abwählen und damit vom Import ausschließen. Haben Sie Ihre Auswahl getroffen, drücken Sie auf *Weiter*. Das Plugin möchte in diesem Dialog von Ihnen wissen, in welchen Ordner Ihrer Installation Sie die neuen Elemente importieren wollen. Mit einem Klick auf den Link innerhalb des Fensters wird Ihnen die Liste der angelegten Ordner angezeigt. Darüber ändern Sie ganz komfortabel das Ziel des Imports, sofern dies notwendig sein sollte.

Abb. 5–31 *Ändern Sie in diesem Dialog das Ziel des Imports ab.*

Haben Sie die Änderung vorgenommen oder sind Sie mit dem Ordner einverstanden, klicken Sie auf *Weiter*. Nun beginnt der eigentliche Import. Um Ihnen die Wartezeit etwas abzukürzen, zeigt Ihnen das Programm während des Imports die Fotos des jeweils gerade angelegten Eintrags an. Am Ende erhalten Sie eine Erfolgsmeldung (siehe Abb. 5–32).

Damit stehen Ihnen ab sofort die neu gewonnenen Kontakte auch in Outlook zur Verfügung! Besonders gelungen an dieser Importfunktion ist, dass die zusätzlichen Informationen zu einem Kontakt, wie etwa die Branche, die Interessen oder auch die Inhalte des Feldes »Ich suche«, ebenfalls mitimportiert werden. Sie werten damit also die Kontaktverwaltung von Outlook noch zusätzlich auf!

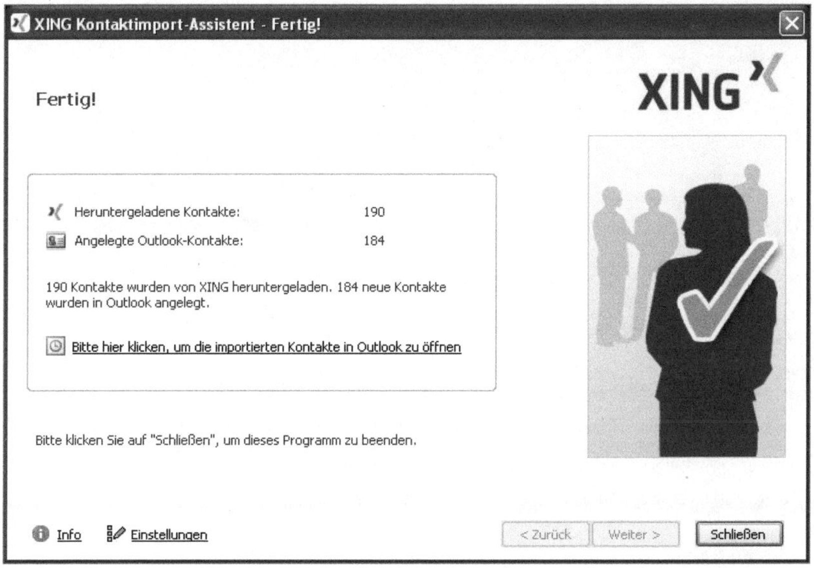

Abb. 5–32
Der Import ist abgeschlossen!

5.9 Erweitern Sie Ihr Netzwerk

Der Nutzwert in der täglichen Arbeit mit XING steigert sich zusätzlich, je mehr Ihrer eigenen persönlichen Kontakte ebenfalls Mitglied im Netzwerk sind. Damit Sie Ihr eigenes Netzwerk möglichst bequem vergrößern können, stellt Ihnen die Plattform eigene Funktionen zur Verfügung.

- Laden Sie eine oder mehrere Personen über eine persönliche Mail ein.
- Beim Abgleich Ihrer Kontakte in Outlook können Sie Personen gezielt bitten, Mitglied zu werden.
- Außerdem haben Sie die Möglichkeit, einen Link für Ihre Mail-Signatur oder Homepage anzulegen, über den Personen Mitglied bei XING werden können.

Personen einladen

Um eine Person in Form einer individuellen E-Mail zu XING einzuladen, wechseln Sie in den Bereich *Adressbuch*. In der Navigation am oberen Rand ist die Funktion *Einladen* zu finden. Mit einem Klick auf diesen Eintrag wechseln Sie auf eine Zwischenseite mit einem Formular (siehe Abb. 5–33).

Tragen Sie die gewünschte E-Mail-Adresse in das Formular ein. Um Ihnen die Tipparbeit zu ersparen, stehen Ihnen bereits Textvorschläge für den Nachrichtentext zur Verfügung. Über das Listenfeld im Bereich *Textvorschläge* haben Sie die Wahl zwischen Texten für verschiedene

Empfehlen Sie XING - erweitern Sie Ihr Netzwerk!

▾ Einladen per E-Mail | ▸ Kontaktdaten importieren | ▸ Persönlicher Einladungslink

E-Mail-Adressen der Empfänger (getrennt durch Komma) *

Sprache für den Einladungstext wählen: Deutsch

Textvorschläge: XING vorstellen

Betreff *

Xing/openBC: Einladung von Stephan Lamprecht

Ihre Nachricht *

Hallo ,

ich möchte Dir gern XING vorstellen: eine Plattform, über die ich meine privaten und beruflichen Kontakte verwalte und mein Netzwerk vergrößere.

Du kannst alte Bekannte und Kollegen ganz einfach wieder finden. Außerdem kannst Du mögliche Geschäftskontakte entdecken und sofort mit ihnen in Verbindung treten. Im Handumdrehen hast Du Dein eigenes Profil erstellt, mit dem Du Dich und Deinen Background präsentierst.

Gerne stelle ich Dir auch interessante Mitglieder aus meinem Netzwerk vor.

Viele Grüße
Stephan Lamprecht

Abb. 5–33
Mit diesem Formular können Sie eine Person ganz leicht zu XING einladen!

Zielgruppen. Natürlich können Sie auch völlig frei Ihren ganz persönlichen Wunschtext formulieren und auch den Betreff verändern.

Sind Sie mit der Mitteilung zufrieden, drücken Sie einmal auf den Knopf *Absenden*.

Praktisch: ein Link für die Homepage für Einladungen

Ein weiterer Weg, neue Mitglieder zu werben, liegt in der Nutzung eines persönlichen Links. Dieser wird in zwei verschiedenen Varianten angeboten: zum einen in Form eines anonymisierten Links, der sich gut auf Ihren eigenen Internetseiten, in Newslettern oder E-Mail-Signaturen macht. Anonym bedeutet in diesem Fall, dass eine Person, die sich über den Link anmeldet, nicht automatisch zu einem Ihrer Kontakte wird. Wollen Sie dagegen Ihre Mails an Ihnen bekannte Personen mit einem solchen Link versehen und damit die Person nach Beitritt auch gleich in Ihre Kontakte aufnehmen, nutzen Sie den persönlichen Einladungslink. Außerdem besteht hier die Möglichkeit, andere Personen zu einer der Premium-Gruppen einzuladen, in denen Sie Mitglied sind.

Um sich den Einladungslink anzeigen zu lassen, wechseln Sie ebenfalls über den Abschnitt *Adressbuch* und anschließend *Einladen* in den entsprechenden Bereich. Klicken Sie dort am oberen Rand auf *Persönlicher Einladungslink*. Entscheiden Sie sich für eine der angebotenen Formen und markieren Sie den Linktext mit der Maus. Über die Zwischenablage fügen Sie die Adresse dann einfach Ihrem Mail-Programm oder dem HTML-Editor bei.

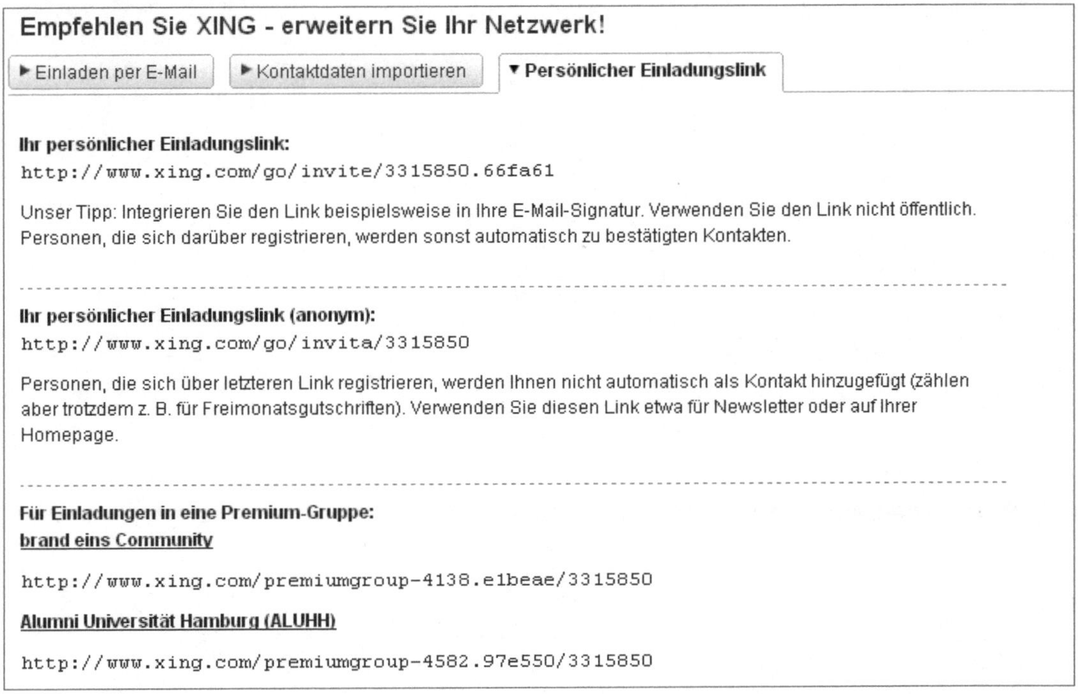

Abb. 5–34
Kopieren Sie den Text des Einladungslinks, und fügen Sie diesen in Ihre Kommunikation ein.

6 Mitglieder stellen sich vor: Dr. Andreas Lutz

Dr. Andreas Lutz ist Autor, Berater und Coach. Der vierzigjährige Unternehmer betreibt die Webseite www.ueberbrueckungsgeld.de.

Seit wann sind Sie Mitglied von XING?

Seit November 2003.

Im Internet werden ja einige Businessgemeinschaften angeboten. Warum haben Sie sich für XING entschieden?

Beeindruckt hat mich von Anfang an die durchdachte, intuitiv benutzbare Benutzeroberfläche. Auf so etwas wie XING hatte ich seit Jahren gewartet, genau diese Funktionen hatte ich mir gewünscht. Von daher war für mich vom ersten Tag an klar, dass sich XING zur führenden Networking-Plattform in Deutschland entwickeln wird. Inzwischen hat XING eine so dominante Marktstellung erreicht, dass allein schon die Zahl der Mitglieder die Entscheidung einfach macht.

Womit verdienen Sie oder Ihr Unternehmen Ihr Geld?

Ich schreibe Sachbücher (»Ich-AG und Überbrückungsgeld« (3. Auflage), »stern-Ratgeber Businessplan«, »Praxisbuch Networking«) und veranstalte bundesweit Workshops zu Themen wie Existenzgründung, Businessplan-Erstellung, Selbstständigkeit, Networking usw. Auf der Webseite www.ueberbrueckungsgeld.de biete ich zusätzliche Hilfen zu diesen Themen an.

Welche Rolle spielt XING in Ihrem Geschäft? Wofür setzen Sie XING in erster Linie ein? Haben Sie darüber bereits neue Kunden gewonnen?

Ich betreibe auf XING eine der mitgliederstärksten Gruppen, das »Netzwerk für Existenzgründer und Selbstständige« (https://www.XING.com/net/existenzgruender). Durch das Netzwerk gewinne ich neue Kunden und binde zugleich bestehende. Ich lade jeden einzelnen Kunden, der an einem unserer bundesweit durchgeführten Workshops teilnimmt, in unser Netzwerk auf XING ein. Er kann dort den Kontakt zu anderen Workshop-Teilnehmern pflegen und den begonnenen Austausch vertiefen. Das Netzwerk ist aber auch offen für alle anderen Gründer und Selbstständige. Darüber hinaus nutze ich XING, um schnell und unkompliziert mit Interviewpartnern, Kooperationspartnern und Dienstleistern in Kontakt zu kommen.

Was schätzen Sie an XING besonders?

Das Knowhow, das sich in den 20 Diskussionsbrettern und insgesamt über 3.000 Artikeln kumuliert hat, stellt einen enormen Mehrwert für die Nutzer dar.

Ihr Tipp für die Gestaltung der eigenen Profilseite?

1. Unbedingt ein Foto hochladen.
2. Vollständig und detailliert ausfüllen, viele Gesprächsaufhänger bieten.
3. Seien Sie nahbar, interessant und sympathisch.

Haben Sie einen Tipp für die Suche nach interessanten Kontakten?

Neben der normalen Suche auch die Powersuchfunktionen nutzen. Man kann Suchen auch abspeichern, und der Suchagent meldet dann regelmäßig alle entsprechenden Neuzugänge. Über die Suchfunktion innerhalb der Gruppen kann man auch nach Themen suchen und findet auf diesem Weg schnell zu Mitgliedern mit ganz speziellem Expertenwissen.

Sind Sie Premium-Mitglied?

Ja.

Nehmen Sie an Gruppen teil? An welchen?

Die meiste Zeit investiere ich in das von mir moderierte »Netzwerk für Existenzgründer und Selbstständige« (https://www.XING.com/net/existenzgruender).

Ihr Lieblingsfeature bei XING?

Die Anzeige, über welche Ecken ich jemanden kenne bzw. welche gemeinsamen Bekannten wir haben.

7 Miteinander kommunizieren

XING kann auch Ihre Kommunikationsplattform sein. Wenn Sie dies wünschen, schreiben Sie direkt innerhalb des Netzwerks Nachrichten. Als Premium-Mitglied stehen Ihnen alle Kommunikationswege zur Verfügung, die ich Ihnen im Folgenden vorstellen möchte.

7.1 Private Nachricht schreiben

Als Premium-Mitglied von XING können Sie private Nachrichten an andere Mitglieder schreiben. Der Empfang der Nachricht ist allerdings von den Einstellungen der Privatsphäre abhängig. Hat das Mitglied diese Funktion nicht für Sie freigegeben, besteht die Möglichkeit zum Versand einer privaten Nachricht nicht.

Rufen Sie die Profilseite eines Mitglieds auf, befindet sich direkt unter den Optionen der Eintrag *Nachricht senden*. Wie in der EDV üblich, führen mehrere Wege zum Versand einer Nachricht:

- über den Kontext einer aufgerufenen Profilseite,
- aus dem Posteingang und
- aus der Übersicht Ihrer Kontakte.

Nachricht unmittelbar aus dem Posteingang versenden

Um direkt aus dem Posteingang eine Nachricht zu versenden, wechseln Sie zunächst in den Bereich *Nachrichten*. Unterhalb der Hauptnavigation finden Sie nun den Verweis *Nachricht schreiben*. Im nachfolgenden Dialog wählen Sie aus dem Listenfeld den Namen des Kontakts aus, dem Sie schreiben wollen. Bestätigen Sie anschließend die Auswahl mit *Nachricht schreiben*. Damit gelangen Sie zum Editor für neue Nachrichten.

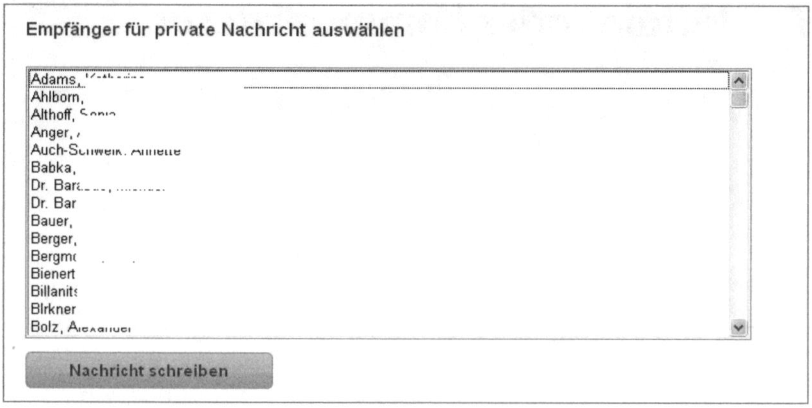

Abb. 7–1
Wählen Sie den gewünschten Kontakt aus.

Diesen erreichen Sie auch, wenn Sie aus Ihrer Kontaktliste direkt neben dem Eintrag des Kontakts auf das kleine Symbol eines Briefumschlags klicken.

Keinen »Spam« versenden

Es mag verlockend sein, viel versprechende Mitglieder auf die eigenen Angebote, Dienstleistungen und Vorzüge in Form einer solchen Nachricht aufmerksam zu machen. Ich kann Ihnen davon aber nur dringend abraten. XING hat Richtlinien, was das Versenden privater Nachrichten betrifft. Vermeiden Sie alles, was im Internet gemeinhin als »Spam« bezeichnet wird, also mehr oder weniger aufdringliche Werbung an eine Person zu senden, die Sie nicht kennen.

Natürlich hindert Sie niemand daran, auch Ihnen unbekannte Personen anzuschreiben. Für eine erste Kontaktaufnahme ist dies ja auch zweifellos eine wichtige Voraussetzung, dennoch sollte Ihre Nachricht für den Empfänger in einem unmittelbaren Bezug zu seiner Person stehen. Knüpfen Sie an gemeinsame Interessen an. Natürlich haben Sie es hier deutlich leichter, wenn Sie eine Dienstleistung oder ein Produkt nachfragen: Dann nennen Sie Ihren konkreten Bedarf und beschreiben Ihr Vorhaben (siehe Abb. 7–2).

Sicherlich ist es als Anbieter einer Dienstleistung schwieriger, den Einstieg in ein solches Gespräch zu finden. Aber auch hier sind Gesprächsanlässe möglich. Hat die Person beispielsweise in einer Gruppe explizit nach einem Kooperationspartner gesucht, knüpfen Sie an dieses Gesuch an, auch wenn es eine Zeit lang zurückgelegen haben sollte. Fragen Sie unmittelbar an, ob noch Interesse besteht, und stellen Sie sich kurz vor. Wenn Sie sich auf die Gesuche einer Person beziehen, wird die Kontaktanbahnung bestimmt funktionieren.

Der Editor funktioniert wie Ihr Mail-Programm.

Der eigentliche Editor ist nahezu selbsterklärend. Sie finden alle Felder vor, die Sie auch von einem Mail-Client her kennen. Vergeben Sie einen aussagefähigen Betreff. Im Hauptbereich des Fensters finden

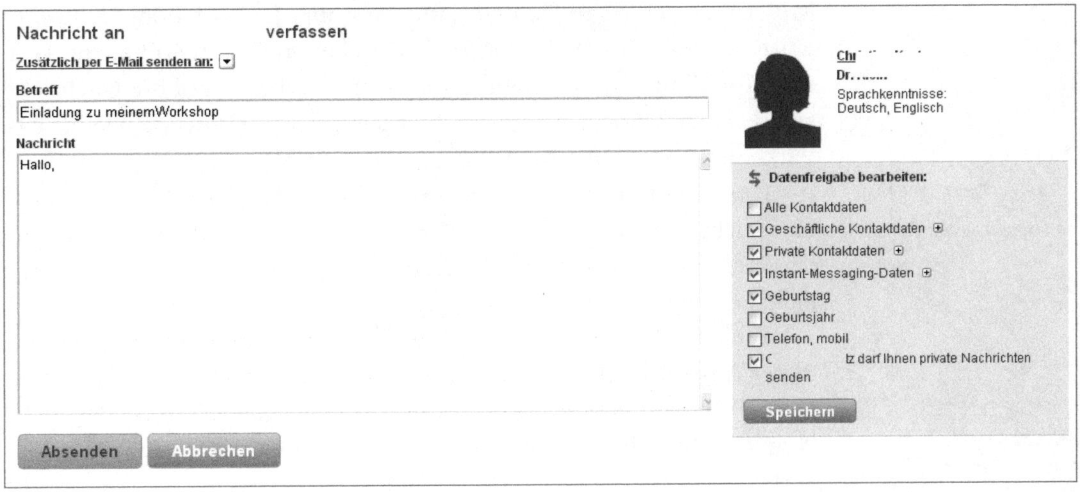

Abb. 7-2
Der Nachrichteneditor

Sie dann genügend Platz vor, um Ihr Anliegen zu beschreiben. Da sich nicht alle Mitglieder täglich in XING einloggen und damit Zugang zum Posteingang haben, können Sie Ihre Nachricht zusätzlich auch an andere E-Mail-Adressen des Mitglieds versenden oder sich darüber eine Kopie an Ihren privaten E-Mail-Account schicken. Möchten Sie mehrere Adressen nutzen, fügen Sie zwischen die einzelnen Elemente ein Komma als Trennzeichen ein.

Auch Hyperlinks sind möglich.

Der Editor für den Nachrichtentext folgt den Gepflogenheiten von XING. Dort können Sie auch Hyperlinks auf Internetadressen hinterlegen, vorausgesetzt, Sie vergessen das einführende »http« nicht. Mit einem Druck auf *Absenden* schicken Sie Ihre Nachricht ab.

Die abgeschickten Nachrichten werden in Form einer Kopie im Abschnitt *Postausgang* abgelegt, den Sie direkt aus dem Postfach heraus erreichen. In diesem Archiv können Sie also nachlesen, was Sie anderen Personen geschickt haben.

7.2 Nachricht beantworten und weiterleiten

Erhalten Sie eine private Mitteilung eines Nutzers, landet diese in Ihrem Postfach. Wenn Sie auf den Betreff der Nachricht klicken, wird diese vollständig auf dem Schirm angezeigt. Am Ende der Mitteilungen finden Sie die Links zu den möglichen Aktionen:

Abb. 7-3
Die möglichen Aktionen für eine Nachricht

Mit *Antworten* rufen Sie den Editor auf, um die Mitteilung zu beantworten. Es öffnet sich der Editor, in dem bereits der ursprüngliche Text der Mitteilung angezeigt wird, um Ihnen den Bezug auf die Nachricht zu erleichtern. Ansonsten gelten hier die gleichen Hinweise wie für das Verfassen einer neuen Mitteilung.

Leiten Sie Nachrichten an eine beliebige Adresse weiter.

Über den Link *Weiterleiten* haben Sie die Möglichkeit, die private Nachricht des Mitglieds an eine beliebige E-Mail-Adresse zu versenden. Tragen Sie die Adresse des Empfängers dazu in das dafür vorgesehene Feld ein.

Schließlich können Sie die Mitteilung auch unmittelbar direkt in dieser Ansicht löschen. Das Vorgehen bietet sich an, wenn es sich dabei beispielsweise um einen Newsletter gehandelt haben sollte, der nicht länger aufbewahrt werden soll und auch keine weitere Aktion erfordert.

Abb. 7–4
Der Nachrichteneditor beim Antworten auf eine persönliche Nachricht

7.3 Posteingang verwalten

Nutzen Sie XING intensiv, sammeln sich schnell einige Nachrichten in Ihrem Posteingang.

Suchfunktion auch für Nachrichten

Da es (noch?) nicht möglich ist, eigene Ordner zur besseren Übersicht anzulegen, ist es bei einem Posteingang mit vielen Nachrichten etwas schwierig, bis zu einer bestimmten Nachricht zu blättern. Deshalb wurde eine Suchfunktion integriert, die sich am oberen Rand des Bildschirms befindet. Geben Sie dort den Namen des Absenders der

Mitteilung an und drücken Sie auf *Finden*. Schon werden Ihnen in Form einer Ergebnisliste alle Nachrichten der Person präsentiert.

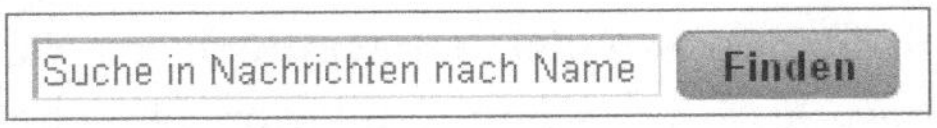

Abb. 7-5
Die im Posteingang integrierte Suchfunktion

Um die angebotenen Aktionen auf eine Mitteilung anwenden zu können, müssen Sie die gewünschten Nachrichten zunächst markieren. Dazu klicken Sie mit der Maus in das Optionsfeld, das vor jeder Nachricht angebracht wurde. Soll sich die Aktion auf alle Nachrichten innerhalb eines Bereichs beziehen, wäre es zu umständlich, jede Mitteilung einzeln zu markieren. Um die Selektion zu beschleunigen, finden Sie am unteren Rand des Bildschirms die Option *Alle Nachrichten auswählen*. Mit einem Klick in das Optionsfeld werden alle Nachrichten zur Bearbeitung markiert.

Abb. 7-6
Mit einem Klick auf diese Option markieren Sie alle Nachrichten zur Bearbeitung.

Status der Nachricht ändern

Geht eine neue Mitteilung ein, ist der Betreff der Nachricht fett hervorgehoben. Die Nachricht fällt also im Posteingang sehr gut auf. Sobald sie geöffnet wurde, entfällt diese Markierung. Sie können einer oder mehreren Nachrichten erneut den Status »neu« zuweisen, um die Markierung wieder zu setzen. Das ist beispielsweise dann sinnvoll, wenn Sie die Nachrichten zu einem späteren Zeitpunkt beantworten wollen. Markieren Sie dazu eine oder mehrere Mitteilungen durch Anklicken des Optionsfelds. Drücken Sie dann einmal auf den Schalter *Als ungelesen markieren*. Damit wird der Betreff wieder fett markiert und der Status auf »Neu« geändert.

Nachrichten löschen

Wollen Sie Nachrichten aus dem *Posteingang* oder dem Ordner *Gesendet* entfernen, selektieren Sie zunächst die gewünschten Elemente. Drücken Sie anschließend auf den Schalter *Löschen*. Es folgt eine Sicherheitsabfrage, die Sie bestätigen. Anschließend wird die Mitteilung dauerhaft entfernt. Seien Sie also sorgfältig.

7.4 Skype nutzen

In der Entwicklung des Internets hat es immer wieder innovative Software-Programme und Geschäftsideen gegeben, die als so genannte »Killerapplikationen« gelten. Skype darf ohne Zweifel dazugerechnet werden, ermöglicht es seinen Nutzern doch, miteinander kostenlos über das Internet in sehr ansprechender Qualität zu sprechen. Sprachübertragung mittels des Internets: Voice over IP zählt wohl zu den durchgreifendsten Neuentwicklungen der letzten Jahre. Skype kann aber noch mehr. So fungiert der Service auch als Plattform für das Instant Messaging, also der Kommunikation in Echtzeit mittels der Tastatur. Außerdem können Sie direkt an eine andere Person Dateien übertragen – geradezu ideal, um Dokumente auszutauschen. Anders als bei vielen Mail-Accounts spielt die Größe der Dokumente dabei keine Rolle. Wie XING ist Skype werbefrei, und die Basisfunktionen werden kostenlos angeboten.

Zugleich schlägt Skype die Brücke zum konventionellen Telefonnetz, denn gegen Zahlung eines Guthabens können Sie auch stationäre Telefonanschlüsse anrufen, egal wo sich diese auch befinden.

Um alle Möglichkeiten von Skype nutzen zu können, benötigen Sie:

- *Skype-Software:*
  Diese wird für verschiedene Betriebssysteme angeboten (Windows, Macintosh, Linux) und kann von Ihnen im Bereich *Downloads* von XING heruntergeladen werden.
- *Benutzer-Account:*
  Sie brauchen ein Benutzerkonto bei Skype. Dieses können Sie direkt in der Software selbst einrichten lassen.
- *Standard-PC:*
  Ihr PC muss über eine Soundkarte mit Mikrofoneingang verfügen. Das sollte bei allen gängigen Standard-PCs inzwischen der Fall sein.
- *Headset:*
  Um beim Sprechen die Hände frei zu haben, ist die Anschaffung eines Headsets von Vorteil. Diese Kombination aus Kopfhörer und Mikrofon macht die Arbeit mit Skype komfortabel.

Nachfolgend gehe ich davon aus, dass Sie sich im Download-Bereich von XING die passende Version von Skype auf Ihren PC geladen und die Software installiert haben. Wenn Sie noch kein Skype-Nutzerkonto haben, klicken Sie im Programmfenster auf den Link *Sie haben noch keinen Skype-Namen?* und füllen dann den nachfolgenden Dialog aus, um sich ein Benutzerkonto anzulegen.

Abb. 7–7
Der Startbildschirm von Skype

7.5 Skype-Kontakt hinzufügen

Um mit einem anderen Nutzer von Skype in Verbindung treten zu können, müssen Sie die Person zunächst in die Skype-Kontakte aufnehmen. Wie bei XING ist das ein zweistufiger Prozess. Zunächst müssen Sie den so genannten Skype-Namen der Person kennen und diesen Ihrer Liste hinzufügen. Der Teilnehmer wird dann von Skype informiert und hat die Wahl, diese Aufnahme in das Adressbuch zu bestätigen. Ist das erfolgt, können Sie innerhalb der Skype-Software weitere Informationen zu diesem Kontakt einsehen.

Skype-Namen hinterlegen und freigeben

Die Integration von Skype in XING macht die Kontaktanbahnung sehr leicht. Auf der Profilseite des Mitglieds finden Sie die entsprechenden Skype-Optionen. Damit das auch funktioniert, müssen Sie zwei Arbeiten erledigen. Zum einen müssen Sie in XING Ihren Skype-Namen hinterlegen, zum anderen müssen Sie diesen Namen für jeden Kontakt individuell freigeben. So legen Sie im Detail fest, wer Sie kontaktieren darf.

Um Ihren Skype-Namen zu hinterlegen, wechseln Sie über *Mein Profil* auf Ihre Profilseite. Wechseln Sie in den Abschnitt *Web* und klicken Sie auf *Web-Daten bearbeiten*. Sie können nun in dem gleichnamigen Feld Ihren Skype-Namen hinterlegen. Mit einem Druck auf *Speichern* schließen Sie die Eingabe ab.

Damit einer Ihrer Kontakte auch Ihren Skype-Namen sehen darf, um Sie darüber zu kontaktieren, rufen Sie unter *Adressbuch* den gewünschten Kontakt auf. Klicken Sie dort im rechten Bereich auf das kleine Pluszeichen neben *Instant-Messaging-Daten* und aktivieren Sie die Option *Skype-Name*.

Abb. 7–8
Geben Sie hier Ihren Skype-Namen frei.

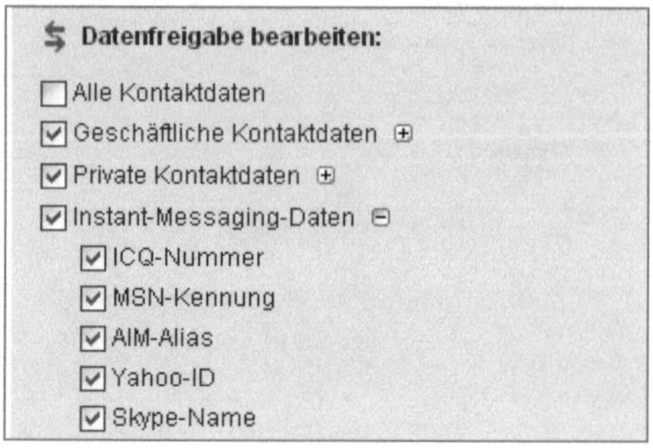

Hat das Mitglied ebenfalls seinen Skype-Namen für Sie freigegeben, steht Ihnen im Feld Skype-Optionen eine Reihe von Möglichkeiten zur Verfügung. Dazu klicken Sie auf der Profilseite des Mitglieds oder in der Listen- oder Visitenkartendarstellung Ihres Adressbuchs auf das Skype-Symbol.

Abb. 7–9
Die Skype-Optionen

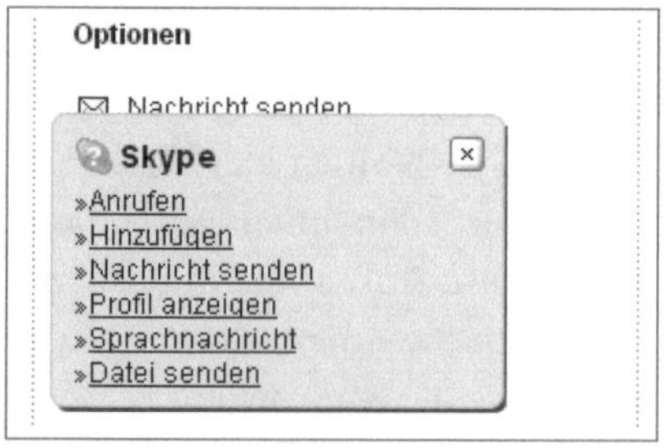

Kontakt hinzufügen

Um nun einen XING-Kontakt in Ihre Skype-Kontaktliste zu übernehmen, rufen Sie die Profilseite der Person auf. Wählen Sie aus dem Listenfeld unter *Skype* den Eintrag *Hinzufügen* aus.

Voraussetzung dafür ist, dass die Skype-Software auf Ihrem Rechner gestartet ist und Sie auch beim Dienst angemeldet sind. In diesem Fall blendet der Skype-Client ein kleines Fenster ein, in das Sie eine kurze Mitteilung an Ihren Kontakt eintragen. Außerdem können Sie festlegen, ob der Kontakt Ihren Verbindungsstatus sehen darf. Mit einem Druck auf *OK* schicken Sie die Kontaktanfrage ab.

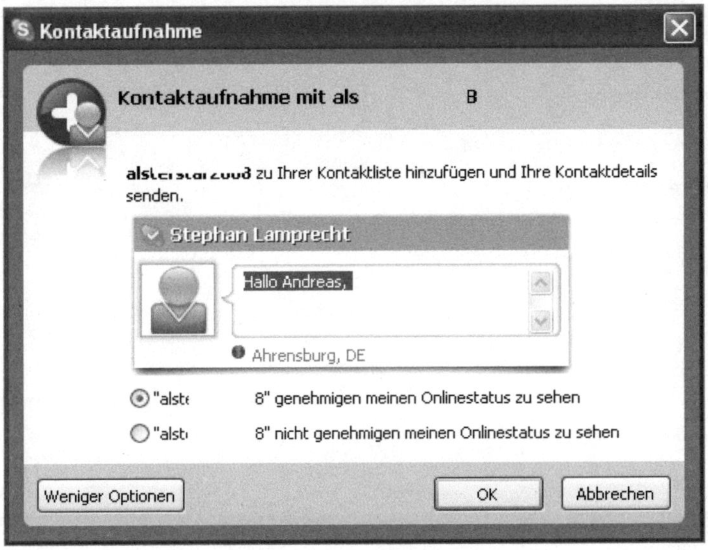

Abb. 7–10
Das Fenster für die Kontaktaufnahme in Skype

7.6 Eine Nachricht an einen Kontakt senden

Chatfunktion von Skype

Neben den reinen Telefonierfunktionen bietet Ihnen Skype auch die Möglichkeit, mit einem Ihrer Kontakte eine Unterhaltung mittels der Tastatur zu führen. Um mit einer Person in Echtzeit zu chatten, muss diese allerdings auch online sein. Um den Vorgang zu beginnen, wählen Sie aus den angebotenen Skype-Optionen den Eintrag *Nachricht senden*.

Damit öffnet sich das Chatfenster von Skype. Im oberen Bereich des Fensters findet die Unterhaltung statt. Hier lesen Sie, was Sie geschrieben haben und was die Person geantwortet hat.

Sie können sich im Chat aber nicht nur mit einer Person unterhalten. Skype eignet sich auch für virtuelle Besprechungen. Dazu laden Sie einfach weitere Kontakte zum Gespräch ein. Hierzu drücken Sie einmal auf den großen Schalter *Weitere Kontakte einladen* am unteren Rand des Programmfensters.

Damit gelangen Sie zu einem zweigeteilten Bildschirmfenster. Auf der linken Seite werden Ihnen die in Skype eingerichteten Kontakte angezeigt. Markieren Sie dort einen Namen und drücken Sie auf den Schalter *Hinzufügen*, um den Kontakt in den rechten Teil des Fensters zu übernehmen. Haben Sie so alle Gesprächsteilnehmer selektiert, drücken Sie auf *Einladen*.

Abb. 7-11
Das Chatfenster von Skype

Willigen die eingeladenen Kontakte ein, an dieser Unterhaltung teilzunehmen, werden sie wenige Augenblicke später Ihren virtuellen Konferenzraum betreten.

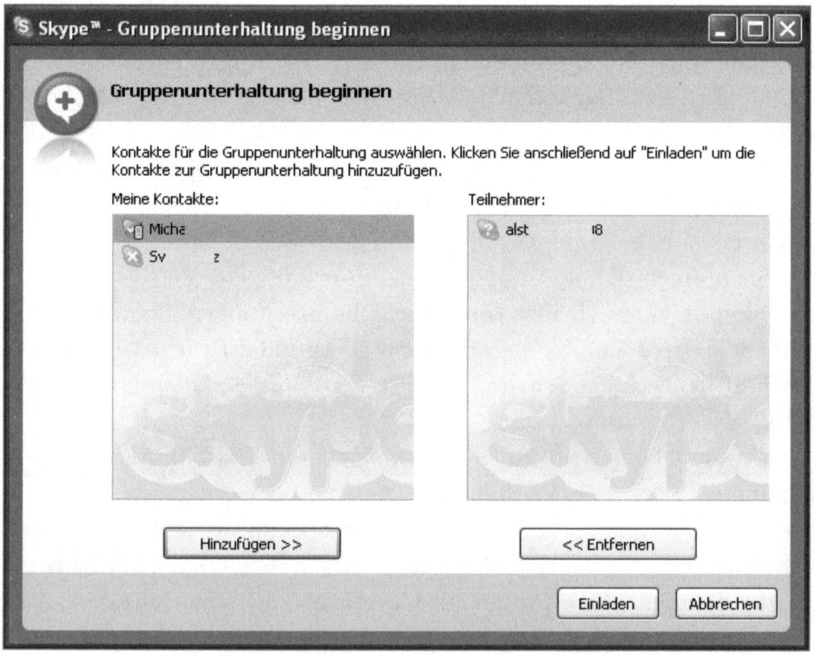

Abb. 7-12
Erweitern Sie die Teilnehmerzahl der Gesprächsrunde.

Mit einem Druck auf den Schalter *Beenden* am oberen Bildschirmrand verlassen Sie die Unterhaltung.

7.7 Eine Datei verschicken

Kennen Sie das auch? Sie möchten beispielsweise eine Präsentation mit einer anderen Person abstimmen und senden die Datei direkt per E-Mail an den Empfänger. Schon wenige Minuten später haben Sie eine Antwort in Ihrem Posteingang, die aber lediglich besagt, dass die maximal erlaubte Dateigröße überschritten wurde. Die Beschränkung der Größe eines Dateianhangs ist aber nicht nur in Unternehmen üblich, auch viele Mail- und Online-Dienste drosseln die Mail-Accounts ihrer Kunden.

Dateien ohne Volumenbegrenzung senden

Kein Problem für Skype-Mitglieder: Verschicken Sie das Dokument doch direkt an den anderen Nutzer. Wählen Sie aus den Skype-Optionen auf der Profilseite den Eintrag *Datei senden.*

Die zweite Möglichkeit erfolgt direkt aus dem Skype-Programm heraus. Dazu markieren Sie den Eintrag in der Kontaktliste. Drücken Sie dann auf den Schalter *Datei* im oberen Teil des Programmfensters.

Beide Aktionen führen Sie unmittelbar zum Dateidialog Ihres Betriebssystems. Dort wechseln Sie in das Verzeichnis, in dem sich das gewünschte Dokument befindet. Markieren Sie den Dateinamen und bestätigen Sie die Auswahl mit einem Druck auf *Öffnen.*

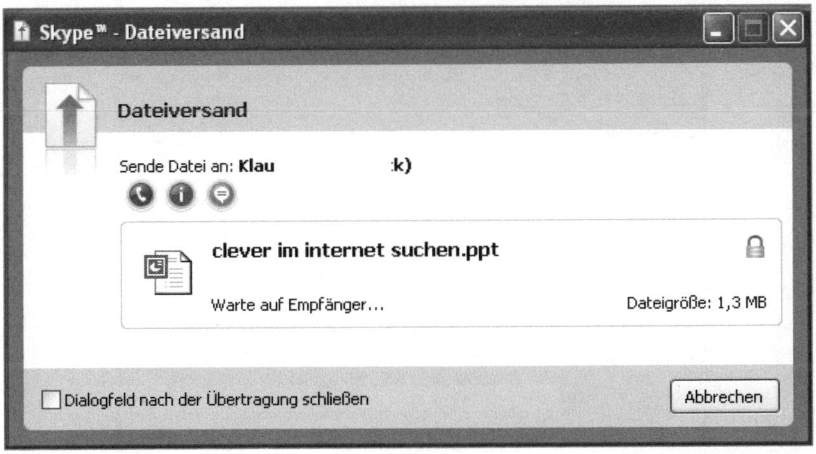

Abb. 7–13
Das Übertragungsfenster informiert Sie über den Fortschritt des Dateiversands.

Es wird damit vom Skype-Client ein weiteres Fensters angezeigt. Der Empfänger der Datei wird auf seiner Seite über ein Hinweisfenster von der Übertragung informiert und muss diese bestätigen. Akzeptiert er, wird die Übermittlung gestartet, die Sie grafisch verfolgen können.

7.8 Einen Kontakt anrufen

Eine der unmittelbarsten Formen, mit einem Ihrer Kontakte zu kommunizieren, besteht im persönlichen Gespräch. Mit Skype führen Sie ganz leicht Telefonate. Das Gespräch wird mittels einer erstaunlichen Technik direkt über das Internet übertragen – gerade bei Fern- und Auslandsgesprächen eine finanziell lohnende Angelegenheit. Denn Skype-Mitglieder sprechen kostenlos miteinander.

Damit die Sprachqualität der eines Telefonats entspricht, sollten Sie allerdings über einen großzügig dimensionierten DSL-Anschluss verfügen. Nach meiner Erfahrung reicht ein 2-Mbit-Anschluss durchaus, sofern nebenbei keine umfangreichen Downloads ausgeführt werden. Wollen Sie neben dem Telefonat auch noch surfen oder umfangreiche Daten versenden, sind 6 Mbit allerdings besser.

Um einen Ihrer XING-Kontakte per Skype anzurufen, besuchen Sie die Profilseite des Mitglieds und wählen aus dem Listenfeld der Skype-Optionen den Eintrag *Anrufen*. Damit wird der Skype-Client aufgerufen, der sich um den Verbindungsaufbau kümmert. Sobald die Verbindung hergestellt worden ist, können Sie miteinander sprechen.

Ist der Kontakt in Ihrem Skype-Adressbuch zu finden, können Sie auch innerhalb des Clients den Eintrag markieren und dann auf das grüne Hörersymbol klicken.

Abb. 7–14
Skype beim Anrufen eines Kontakts

8 Mitglieder stellen sich vor: Monika Zehmisch

Die Diplom-Betriebswirtin Monika Zehmisch ist Geschäftsführerin der neue medien werkstatt GmbH & Co. KG in Meerbusch bei Düsseldorf.

Seit wann sind Sie Mitglied von XING?

Ich bin seit 01/2004 dabei, das war also ziemlich am Anfang.

Im Internet werden ja einige Businessgemeinschaften angeboten. Warum haben Sie sich für XING entschieden?

Das war reiner Zufall. Ein alter Freund hatte mich eingeladen, und da hab ich mir das mal angeguckt, war aber am Anfang sehr passiv und dachte, dass das ja doch nichts bringt. Ein halbes Jahr später wusste ich: Der XING ist DIE Plattform für mich.

Da gab es nämlich ein Schlüsselerlebnis: Ich wollte ein Buch über eBay schreiben und habe über XING einen Produktmanager von Data Becker angesprochen. Der hat mir umgehend eine supernette und herzliche Mail zurückgeschrieben und mich ganz unkompliziert an seinen Kollegen verwiesen, der zuständig war, und mich auch dort schon »avisiert«. Aus diesem Kontakt ist mein eBay-Buch »Einfach selbstständig machen mit eBay« entstanden, das mittlerweile als eBay-Bestseller in der dritten Auflage gedruckt wird. Und ich arbeite gerade an einem weiteren Buch »Webselling – Einfach selbstständig machen mit dem Internet« und habe noch ein drittes Buch in Aussicht. Ich hätte mir niemals träumen lassen, dass man über den Weg Networking so einfach Kontakte knüpfen kann, und bin für diesen Zufall sehr dankbar. Auf »normalem« Weg wäre es vielleicht nicht so gelaufen. Philipp Kraft, der mich damals empfohlen hat, ist jetzt nicht mehr bei Data

Becker, hat aber eine Software entwickelt, mit der man eBay-Auktionen ansprechend präsentieren kann, und wir sind gute Geschäftsfreunde.

Ich habe danach, da ich ja so aktiv in XING bin, zahlreiche Einladungen in andere Businessclubs bekommen und erlebt, dass sich viele Gruppen von XING abgespalten haben – meist erfolglos. Mir ist das alles zu viel. Ich habe mit XING genug und konzentriere mich voll darauf.

Inzwischen gehöre ich zu den 100 aktivsten Personen in XING (dafür wurde übrigens extra ein Forum gegründet: »The 1000 contacts club« – für alle, die mehr als 1.000 Kontakte haben) und bin in der zweiten Ebene mit jedem dritten XING-Mitglied verbunden.

Leider kenne ich meine 1.700 Kontakte nicht mehr alle persönlich. Das ist natürlich eine Philosophiefrage. Als Moderatorin zweier großer Foren bekomme ich mehr Kontaktanfragen als normal. Außerdem bin ich durch die Anzahl meiner Kontakte interessant, weil andere dadurch ihre Kontakte 2. Grades erhöhen können. Ich bringe es nicht übers Herz, jemanden ohne triftigen Grund abzuweisen.

Womit verdienen Sie oder Ihr Unternehmen Ihr Geld?

- eBay-Verkaufsagentin und -PowerSellerin: Ich habe eine eBay-Verkaufsagentur mit Ladenlokal. Wir verkaufen »Waren aller Art« bei eBay – für Privatleute und für Unternehmer. Dazu gehören auch Wohnungs- und Geschäftsauflösungen, Retouren, Lagerräumungen, B-Ware, Restposten etc.
- Unternehmensberatung: für Unternehmen, die neue Vertriebswege mit eBay gehen wollen.
- Existenzgründungsberatung und Coaching: für Existenzgründer (oftmals Kleingründer oder Arbeitslose), die sich mit eBay (als Alternative zur Arbeitslosigkeit) eine tragfähige Existenz schaffen wollen.
- Ich schreibe als Fachjournalistin für verschiedene Online- und Offline-Medien über eBay-Themen. Unter anderem schreibe ich monatlich für »Internet Auktionen professionell« aus dem Verlag der Deutschen Wirtschaft.
- Autorin: Ich bin Autorin des Buches »Einfach selbstständig machen mit eBay«, 3. Auflage Mai 2006, Data Becker Verlag. Das Buch ist im offiziellen eBay-Fanshop gelistet und rangiert als Bestseller bei amazon.de als bestes von über 80 eBay-Büchern. Aktuell arbeite ich an dem Buch »Webselling – Einfach selbstständig machen mit dem Internet«.

- Seminare: Ich halte Vorträge/Seminare zu allen möglichen eBay-Themen, insbesondere in Richtung Existenzgründung oder Profi-Verkäufer. Ich bin als offizielle eBay-Referentin tätig. Außerdem halte ich regelmäßig Online-Seminare für eBay-Existenzgründer bei www.workshopwelt.de.

Und jetzt kommen die ehrenamtlichen Tätigkeiten ☺:

- Moderatorin des bekannten eBay-Forums »eBay – professionelle Handelsplattform für Unternehmen?!« im Open Business Club: http://www.XING.com/net/ebay (mehr als 1.000 Mitglieder aus dem professionellen eBay-Umfeld)
- Managerin von diversen eBay-Clubs
- Teamarbeiterin bei www.teamarbeit.de

Durch meine ehrenamtlichen Tätigkeiten (z.B. für Existenzgründer in den Clubs) bin ich »Mitglied« bei der Initiative »Team Arbeit für Deutschland – gemeinsam gegen Arbeitslosigkeit«, einer Initiative des Bundesministeriums für Wirtschaft und Arbeit zusammen mit engagierten Bürgern und eBay. Und ich bin Moderatorin des Rhein-Ruhr-Forums http://www.XING.com/net/reinruhr in XING und organisiere regelmäßige Veranstaltungen für die mehr als 2.000 Mitglieder.

Welche Rolle spielt XING in Ihrem Geschäft? Wofür setzen Sie XING in erster Linie ein? Haben Sie darüber bereits neue Kunden gewonnen?

XING ist wesentlicher Bestandteil meines Geschäftes und nicht mehr wegzudenken. Meine ehrenamtlichen Tätigkeiten für die beiden Foren und meine persönlichen Geschäftskontakte über XING verschmelzen allerdings miteinander. Ich verbringe täglich mehrere Stunden mit XING.

Ich habe bereits unzählige Kunden gewonnen, aber nicht nur das. Durch meine Aktivitäten im eBay-Forum ist man vonseiten eBay und seitens der Medien auf mich aufmerksam geworden, und daraus haben sich für mich viele Perspektiven ergeben. Ich habe mir also durch mein ehrenamtliches Engagement eine Basis für meinen beruflichen Erfolg geschaffen.

Was schätzen Sie an XING besonders?

XING ist für mich eine »Rundum-wohlfühl-Plattform«. Das Konzept ist so einfach wie genial. Die Ergonomie der Website ist sehr griffig.

Besonders schätze ich das Vertrauen, das die rund eine Million Mitglieder zueinander aufbringen. Durch den Weg über XING öffnen sich einem von allein viele Türen. Die Leute gehen respektvoll, höflich und herzlich miteinander um.

Ein Beispiel: Vor einigen Monaten kam ein Herr aus Hamburg in XING auf mich zu. Er hatte eine sehr teure Uhr, eine Jaeger Le Coultre Grand Réveil, zu verkaufen. Diese Uhr ist rund 12.000 Euro wert. Auf die Frage, warum er sich denn nicht einen eBay-Verkaufsagenten in Hamburg sucht (wir wohnen ja immerhin 400 Kilometer auseinander), antwortete er mir, dass es ihm sowieso sehr schwer fallen würde, diese Uhr aus der Hand zu geben, und dass er nur durch unseren Kontakt in XING das nötige Vertrauen aufbringt. Bei einem seiner nächsten Geschäftsbesuche in meiner Region holte ich ihn am Düsseldorfer Flughafen ab, wir besprachen alles mit der Uhr und gingen anschließend noch essen. So läuft das in XING.

Dennoch fallen einem als Profi-Nutzer etliche Features ein, die das Arbeiten mit XING einfacher und effizienter machen würden. Mir wird da in Hamburg zu wenig umgesetzt.

Ihr Tipp für die Gestaltung der eigenen Profilseite?

Auf jeden Fall sollte man Wert auf ein gutes Foto legen. Teilweise findet man recht grässliche Beispiele, und wer ohne Foto bei XING auftritt, hat direkt einen Negativmerkmal.

Je ausführlicher und interessanter man sich präsentiert, desto mehr fällt man ins Auge. Es gehört natürlich auch ein bisschen Mut dazu, sich derart öffentlich vorzustellen, denn nicht jeder macht gerne private Angaben über seine Hobbys. Ich halte aber genau dies für absolut wichtig und notwendig. XING ist nicht nur reine Businessplattform, denn hier begegnen sich Menschen. Es ist übrigens empfehlenswert, sich seine »Über mich«-Seite einzurichten. Das wird noch viel zu wenig genutzt.

Haben Sie einen Tipp für die Suche nach interessanten Kontakten?

Neben den erweiterten Suchfunktionen und dem Einrichten von Suchagenten, sodass man keinen Neuankömmling mit interessantem Aufgabengebiet mehr übersieht, sind die Foren Dreh- und Angelpunkt. In den Diskussionen wird man auf interessante Personen aufmerksam.

Networking ist übrigens keine Akquise im herkömmlichen Sinn. Ich erlebe immer wieder, dass ich von »typischen« Vermögens- oder Finanzierungsdienstleistern »auf die blöde Tour« angeschrieben werde. Networking ist gegenseitiges Geben und Nehmen. Nur wer hier aktiv ist, sich in Diskussionsforen »zeigt« und neue Themen anstößt, auch mal einen unentgeltlichen Tipp gibt oder andere Menschen zusammenbringt (durch Vermitteln von Kontakten), wird spüren, was der Geist des Networkings ist.

Selbstverständlich sollte es übrigens auch sein, seinen Kontakten zum Geburtstag zu gratulieren.

Mein wichtigster Tipp: Nutzen Sie die Regionalforen. Hier lernen Sie Menschen live kennen. Hier kann man sich in lockerer Atmosphäre das erste Mal persönlich begegnen und den Kontakt vertiefen. Und ich habe es noch niemals erlebt, dass man auf einem solchen Treffen alleine dumm herumsteht, wie es dem einen oder anderen vielleicht schon mal passiert ist, wenn man alleine auf eine Fete geht und sich die anderen alle kennen. Bei den Regionaltreffen sind alle auf Kommunikation aus und gehen offen aufeinander zu. Diese Regionaltreffen sind auch nicht rein businessorientiert. Ein gemeinsamer Streifzug durch die Nacht der Museen oder die Jazz Rally in Düsseldorf, gemeinsames Open-Air-Fußball-Gucken auf Großbildleinwänden zur WM 2006 oder After-Work-Golfen vertiefen geschäftliche Kontakte. Wir im Rhein-Ruhr-Forum, dessen Moderatorin ich ja bin, versuchen, eine große Bandbreite abzudecken. Wir veranstalten:

- regelmäßig lockere Networking-Treffen, meist im Umfeld von Düsseldorf, in unterschiedlichen Locations;
- Treffen mit Inhalt: Vorträge, Führungen, gemeinsame Aktivitäten, von Wirtschaft über Kunst/Kultur bis privat, teils kostenlos, teils kostenpflichtig (z.B. Eintrittsgebühren), immer mit der Möglichkeit des anschließenden Networkings;
- Regionaltreffen: auf Stadtebene kleinere Treffen, damit man XING-Mitglieder in der unmittelbaren Umgebung kennen lernen kann;
- Branchentreffen zu allen möglichen Branchenthemen als lose Networking-Treffen, Stammtische oder mit Fachvorträgen;
- Kooperationen und Veranstaltungen mit anderen Vereinen/Institutionen/Foren innerhalb und außerhalb des XING.

Sind Sie Premium-Mitglied?

Selbstverständlich. Ich gestehe aber, dass ich erst ziemlich wenig dafür gezahlt habe, denn durch meine zahlreichen Aktivitäten habe ich schon viele Außenstehende zu XING gebracht, und das gibt dann jedes Mal einen Freimonat.

Nehmen Sie an Gruppen teil? An welchen?

Ich habe selber im Sommer 2004 zwei Foren gegründet, das eBay-Forum und das Rhein-Ruhr-Forum. Ich werde immer wieder auf neue Gruppen eingeladen oder aufmerksam gemacht. Aber das wird mir alles zu viel. Wichtig für mich ist die Gruppe »XING Moderation«, weil man da bei Themen an der Front mitarbeiten kann.

Ihr Lieblingsfeature bei XING?

Ich finde die mobile Version von XING klasse. Ich habe ein E-Plus-Handy mit i-mode. Darüber kann ich mich, wo immer ich auch bin, ganz einfach in XING einloggen, meine Mails beantworten, Kontakte bestätigen und Leute suchen. Die werden dann sogar mit Foto angezeigt. Das ist absolut genial, in meinem Geschäftsleben äußerst sinnvoll und vor allem ziemlich eindrucksvoll, wenn ich es anderen präsentiere.

9 Gruppen

Wenn im alten Rom wichtige Entscheidungen anstanden und diskutiert werden mussten, versammelten sich die Bürger auf dem Forum. Eine ähnliche Funktion übernehmen im Businessnetzwerk von XING die Gruppen, die nach Themen gegliedert sind. Die Mitglieder einer Gruppe haben dort die Möglichkeit, sich über Spezialthemen miteinander auszutauschen und rege zu diskutieren. Anders als bei persönlichen Nachrichten, die lediglich vom Absender und Empfänger gelesen werden können, sind die Beiträge in einer Gruppe für alle Mitglieder sichtbar. Die so genannten Bretter ähneln damit schwarzen Brettern, an die jedes Gruppenmitglied eine Nachricht hängen darf.

Zu jeder Gruppe gehört eine Art von Hausmeister, der Moderator. Dieser greift unter Umständen in Diskussionen ein, falls diese einmal zu weit vom eigentlichen Thema der Gruppe abschweifen sollten, gibt aber auch neue Impulse für Diskussionen.

Bei den Gruppen sind zwei grundsätzliche Arten zu unterscheiden. Eine Gruppe kann völlig öffentlich sein. In diesem Fall genügt ein Mausklick, um Mitglied der Gruppe zu werden. Unter Umständen ist die Mitgliedschaft aber auch freischaltungspflichtig. Hier müssen die Moderatoren Ihnen zunächst den Zutritt gestatten, damit Sie Zugriff auf die Beiträge erhalten.

9.1 Gruppen finden

XING bietet Ihnen zwei verschiedene Wege an, um sich über das Angebot der Gruppen zu informieren. Wenn Sie den Bereich *Gruppen* betreten, sehen Sie im oberen Bereich den Link *Suche in allen Gruppen.* Mit einem Klick auf den kleinen Pfeil öffnet sich das Suchfeld. Darunter sind drei Optionsschalter angebracht. Tragen Sie einen Suchbegriff oder ein Thema in die Zeile ein, das Sie interessiert. Aktivieren Sie die Option *Suche nach Gruppen* und starten Sie die Abfrage mit einem

Druck auf den Schalter. Wenige Momente später erhalten Sie eine Trefferliste mit Gruppen, die zum Thema relevant sein können. Bei der Darstellung des Ergebnisses wird eine Unterteilung in Gruppen vorgenommen, die in Ihrer Sprache angeboten werden, und solchen, die in den weiteren Teilen des XING-Netzwerks zu finden sind.

Neben dem Titel der Gruppe finden Sie in der Liste auch die thematische Kategorie, zu der die Gruppe gehört. Mit einem Klick auf den Titel gelangen Sie dann zur Startseite der Gruppe.

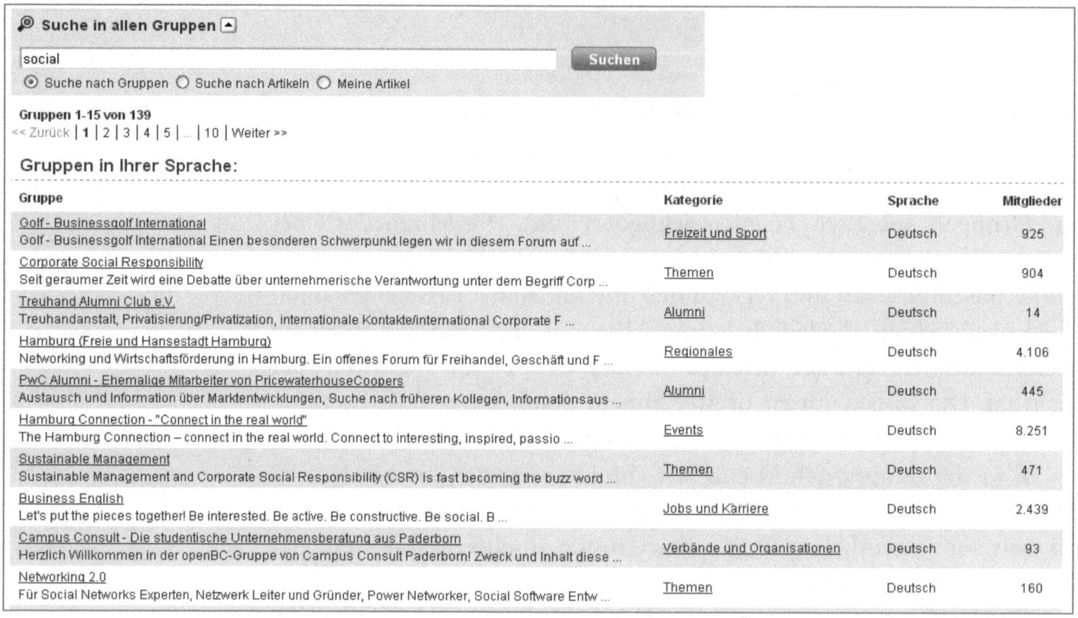

Gruppe	Kategorie	Sprache	Mitglieder
Golf - Businessgolf International Golf - Businessgolf International Einen besonderen Schwerpunkt legen wir in diesem Forum auf ...	Freizeit und Sport	Deutsch	925
Corporate Social Responsibility Seit geraumer Zeit wird eine Debatte über unternehmerische Verantwortung unter dem Begriff Corp ...	Themen	Deutsch	904
Treuhand Alumni Club e.V. Treuhandanstalt, Privatisierung/Privatization, internationale Kontakte/international Corporate F ...	Alumni	Deutsch	14
Hamburg (Freie und Hansestadt Hamburg) Networking und Wirtschaftsförderung in Hamburg. Ein offenes Forum für Freihandel, Geschäft und F ...	Regionales	Deutsch	4.106
PwC Alumni - Ehemalige Mitarbeiter von PricewaterhouseCoopers Austausch und Information über Marktentwicklungen, Suche nach früheren Kollegen, Informationsaus ...	Alumni	Deutsch	445
Hamburg Connection - "Connect in the real world" The Hamburg Connection – connect in the real world. Connect to interesting, inspired, passio ...	Events	Deutsch	8.251
Sustainable Management Sustainable Management and Corporate Social Responsibility (CSR) is fast becoming the buzz word ...	Themen	Deutsch	471
Business English Let's put the pieces together! Be interested. Be active. Be constructive. Be social. B ...	Jobs und Karriere	Deutsch	2.439
Campus Consult - Die studentische Unternehmensberatung aus Paderborn Herzlich Willkommen in der openBC-Gruppe von Campus Consult Paderborn! Zweck und Inhalt diese ...	Verbände und Organisationen	Deutsch	93
Networking 2.0 Für Social Networks Experten, Netzwerk Leiter und Gründer, Power Networker, Social Software Entw ...	Themen	Deutsch	160

Abb. 9–1
Die Trefferliste mit angebotenen Gruppen

Die zweite Möglichkeit führt Sie über die Kategorien. Über die Trefferliste erreichen Sie mit einem Klick auf den Namen einer Kategorie weitere dazu passende Einträge. Schließlich werden am unteren Ende der Startseite des Bereichs Gruppen die neuesten Gruppen oder auch besonders aktive Gruppen angezeigt. Nicht übersehen sollten Sie den kleinen Link *Mehr*, der sich am Ende der Seite befindet. Damit gelangen Sie zu einer Übersicht der Gruppen in der eigenen Sprache.

Der Bereich Gruppen wird in vier Abschnitte gegliedert. Nach Auswahl von *Gruppen* in der oberen Navigation gelangen Sie immer zunächst in den Abschnitt *Meine Gruppen*, der Ihnen eine Übersicht der Gruppen zeigt, in denen Sie Mitglied geworden sind. Über das Register *Gruppen* können Sie im umfangreichen Angebot von XING stöbern. *Premium-Gruppen* bietet einen Überblick darüber, welche dieser Gruppen nur auf Ihren Beitritt warten.

9.2 Sich in einer Gruppe anmelden

Auf der Startseite einer Gruppe befindet sich auf der rechten Seite der Schalter *Jetzt Mitglied werden*. Dabei sind zwei Fälle zu unterscheiden. Braucht die Mitgliedschaft in der Gruppe nicht freigeschaltet zu werden, sind Sie nach diesem Klick bereits Mitglied geworden. Damit wechselt auch der Inhalt des Kontextbereichs. Besuchen Sie die Startseite der Gruppe erneut, können Sie nunmehr nur noch die Mitgliedschaft beenden.

Anmeldung bei freischaltungspflichtiger Gruppe

Ist die Teilnahme dagegen freischaltungspflichtig, führt Sie der Beitritt der Gruppe zu einer Bildschirmmaske, in der Sie eine kurze Mitteilung an den Moderator hinterlassen, um Ihren Wunsch nach Aufnahme zu begründen.

Die Gruppen der Kategorie Alumni, also Verbände bzw. Gruppen, in denen sich Absolventen einer Universität oder ehemalige Mitarbeiter eines Unternehmens versammeln, sind in aller Regel freischaltungspflichtig, da von den Moderatoren vorab geprüft wird, ob Sie tatsächlich in dem Unternehmen gearbeitet oder in der Hochschule einen Studiengang absolviert haben.

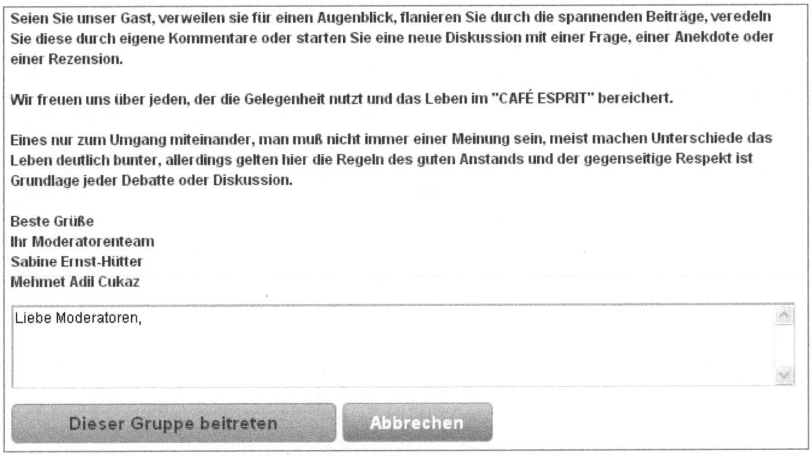

Abb. 9–2
Der typische Dialog zur Anmeldung einer freischaltungspflichtigen Gruppe.

Bitte Geduld! Die Freischaltung kann etwas dauern.

Für die Bearbeitung Ihrer Anfragen benötigen die Moderatoren in aller Regel etwas Zeit. Oftmals erhalten Sie vom Moderator auch nach Freischaltung eine kurze Willkommensnachricht. Fassen Sie sich etwas in Geduld. Meist reagieren die Moderatoren allerdings überaus schnell und Sie erhalten binnen weniger Stunden Zutritt. Dauert es bei Ihnen etwas länger, schauen Sie einfach regelmäßig in der Gruppe vorbei.

9.3 Sich mit einer Gruppe vertraut machen

Die Gruppe selbst gliedert sich in drei verschiedene Bereiche. Nach dem Aufruf der Gruppe gelangen Sie immer in den Bereich *Startseite.* Dort erreichen Sie am oberen Rand die Suchfunktion, mit der Sie nach Artikeln recherchieren können. Außerdem wird hier eine Beschreibung der Gruppe dargestellt und die Moderatoren werden ebenfalls vorgestellt. Zwei Infoboxen informieren Sie über die wichtigsten Neuigkeiten innerhalb der Gruppe, nämlich zum einen über die neuesten Beiträge in allen Foren, zum anderen über die neuesten Mitglieder.

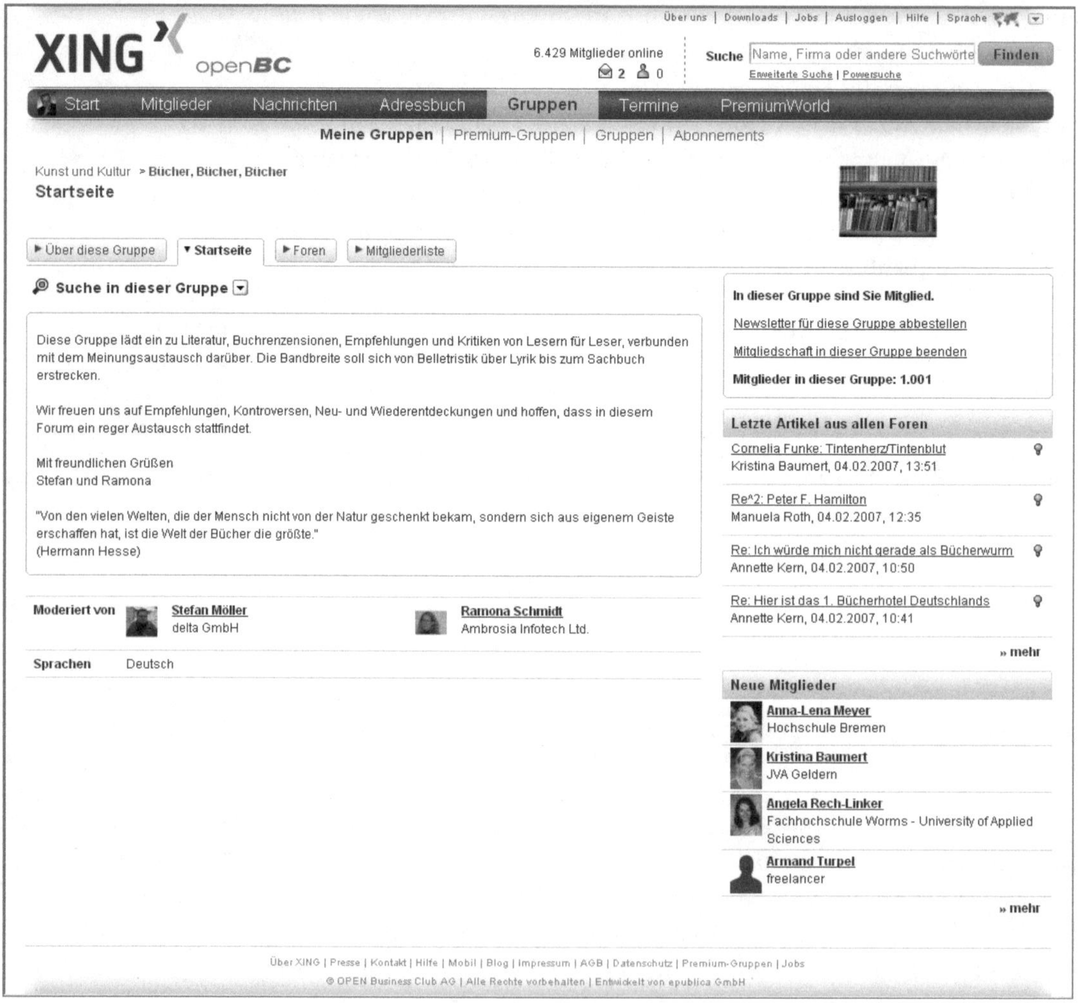

Abb. 9–3
Eine typische Gruppenseite: Thematische Kategorien = Foren

Jede Gruppe ist in so genannte Foren aufgeteilt. Diese Bereiche bündeln die Beiträge zu verschiedenen Unterthemen der Gruppe selbst. Meist finden Sie hier etwa ein Forum, in dem sich die neuen Mitglieder den anderen Teilnehmern vorstellen können. Die in der Gruppe eingerichteten Foren erreichen Sie über die gleichnamige Schaltfläche. Dort finden Sie neben dem eigentlichen Titel jedes Forums auch eine kurze Beschreibung, um welche Themen es an dieser Stelle genau gehen soll. Mit einem Klick auf den Titel eines Forums gelangen Sie zur eigentlichen Nachrichtenübersicht.

Es werden hier die folgenden Informationen angezeigt:

- der Name des Autors, der den ersten Beitrag verfasst und damit die Diskussion initierte;
- das Thema der Diskussion, den eigentlichen Betreff der ersten Nachricht;
- zusätzlich wird Ihnen die Zahl der Antworten auf diesen ersten Eintrag angezeigt.
- Schließlich können Sie auch noch sehen, wie oft das Thema bereits von anderen Teilnehmern betrachtet worden ist.

> Um sich schnell einen Überblick über neue Themen zu verschaffen, werden diese am rechten Rand des Themenbaums mit einer kleinen Glühbirne gekennzeichnet.

Wollen Sie den Diskussionsverlauf eines Themas ansehen bzw. einen Beitrag lesen, klicken Sie einmal auf seinen Titel. Informationen zum Verfasser erhalten Sie, wie von XING auch aus anderen Bereichen gewohnt, durch Anklicken des Benutzernamens.

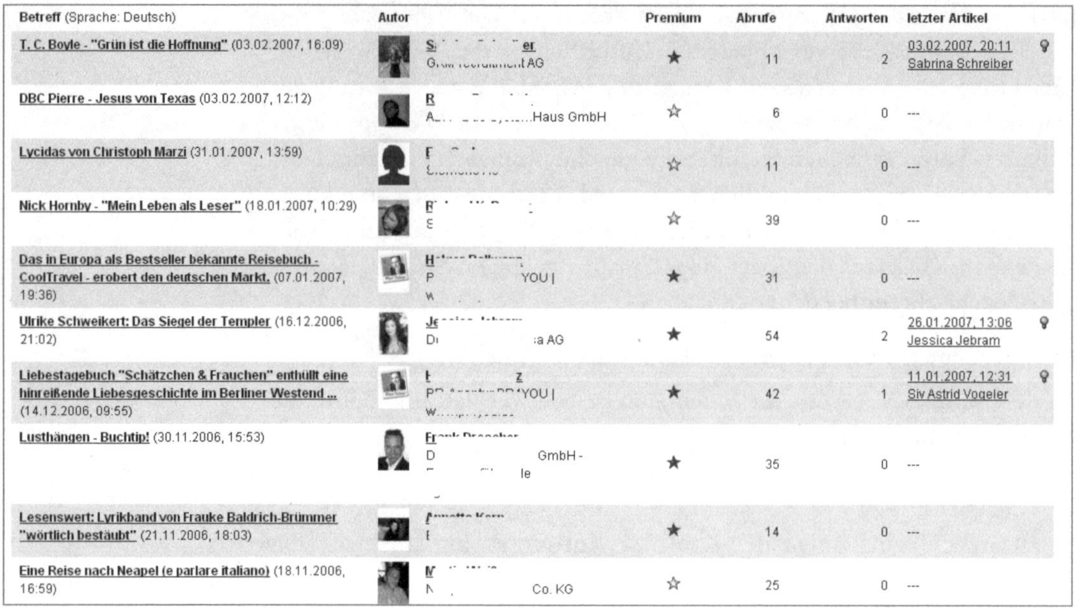

Betreff (Sprache: Deutsch)	Autor	Premium	Abrufe	Antworten	letzter Artikel
T. C. Boyle - "Grün ist die Hoffnung" (03.02.2007, 16:09)	AG	★	11	2	03.02.2007, 20:11 Sabrina Schreiber
DBC Pierre - Jesus von Texas (03.02.2007, 12:12)	Haus GmbH	☆	6	0	---
Lycidas von Christoph Marzi (31.01.2007, 13:59)		☆	11	0	---
Nick Hornby - "Mein Leben als Leser" (18.01.2007, 10:29)		☆	39	0	---
Das in Europa als Bestseller bekannte Reisebuch - CoolTravel - erobert den deutschen Markt. (07.01.2007, 19:36)	YOU |	★	31	0	---
Ulrike Schweikert: Das Siegel der Templer (16.12.2006, 21:02)	a AG	★	54	2	26.01.2007, 13:06 Jessica Jebram
Liebestagebuch "Schätzchen & Frauchen" enthüllt eine hinreißende Liebesgeschichte im Berliner Westend ... (14.12.2006, 09:55)	YOU |	★	42	1	11.01.2007, 12:31 Siv Astrid Vogeler
Lusthängen - Buchtip! (30.11.2006, 15:53)	GmbH -	★	35	0	---
Lesenswert: Lyrikband von Frauke Baldrich-Brümmer "wörtlich bestäubt" (21.11.2006, 18:03)		★	14	0	---
Eine Reise nach Neapel (e parlare italiano) (18.11.2006, 16:59)	Co. KG	☆	25	0	---

Abb. 9–4
Der Diskussionsverlauf in einem Forum

9.4 Beitrag beantworten

In der Detailansicht eines Themas, also der zusammengehörenden Beiträge, befindet sich jeweils unter jedem einzelnen Beitrag der Link *Antworten*. Beachten Sie bitte, dass Sie auf jeden einzelnen Beitrag eines Themas separat antworten können. Sobald Sie einmal auf den Link geklickt haben, gelangen Sie zum Editor der Plattform. Hier ist bereits der Betreff ausgefüllt, das eigentliche Nachrichtenfenster ist aber noch leer.

Zitat einfügen

Bei Diskussionen im Internet hat es sich eingebürgert, einzelne Passagen der Nachricht, auf die Sie sich beziehen wollen, in den eigenen Text zu übernehmen und dort als Zitat zu kennzeichnen. Dies erledigen Sie ganz bequem mit einem Tastendruck auf den Schalter *Zitat einfügen*. Damit wird der Originaltext in Ihre Nachricht eingefügt und mit den Ihnen sicherlich auch aus Outlook oder anderen Mail-Programmen bekannten Zeichen gekennzeichnet. Wünscht ein Mitglied in den Einstellungen seiner Privatsphäre nicht, dass seine Gruppenbeiträge über einen so genannten RSS-Feed abgerufen oder über Suchmaschinen indiziert werden können, besteht keine Möglichkeit, die Originalnachricht dieses Mitglieds zu zitieren.

Wie im Mail-Wechsel erleichtern Sie den Lesern der Diskussion zu folgen, wenn Sie nicht die komplette ursprüngliche Nachricht zitieren, sondern lediglich Kernaussagen herausgreifen, auf die Sie sich beziehen möchten. Streichen Sie also unnötigen Text am besten wieder heraus.

Denken Sie daran, dass alle anderen Gruppenmitglieder Ihren Text lesen können. Ein Gruppenbeitrag macht andere auf Ihre Person aufmerksam. Es lohnt sich also, auf die eigene Ausdrucksweise und vor allem die Rechtschreibung zu achten. Für den Browser Firefox gibt es beispielsweise ein kostenloses Plugin, das einen beliebigen Text überprüft.

Abb. 9–5
Der Editor in einer Gruppe mit eingefügtem Zitat

Benachrichtigung bei Antworten

Auch Online-Diskussionen leben von der Schlagfertigkeit der Teilnehmer. Damit Sie zeitnah auf eine Replik auf Ihre Antwort reagieren können, lassen sich am unteren Rand der Nachricht Benachrichtigungen einstellen. Sie erhalten dann eine E-Mail an das bei XING hinterlegte Postfach. Zwei Optionen stehen zur Wahl: Entweder werden Sie benachrichtigt, wenn Antworten auf Ihren Beitrag veröffentlicht werden, oder aber wenn neue Nachrichten in dem Artikelbaum geschrieben werden, zu dem auch Ihr Beitrag gehört.

Um sich vor der Veröffentlichung einen Eindruck von Ihrem Text zu verschaffen, drücken Sie einmal auf *Vorschau*. Im oberen Teil des Fensters wird dann die Vorschau Ihres Artikels dargestellt, darunter befindet sich immer noch der Editor. So können Sie Änderungen vornehmen, wenn Sie diese für notwendig halten. Sind Sie mit dem Text zufrieden, drücken Sie einmal auf *Absenden*. Damit wird Ihr Beitrag in den Artikelbaum aufgenommen.

9.5 Neuen Beitrag schreiben

Sie möchten Ihre Dienste als Freiberufler in einem Marktplatz für Kooperationen anbieten? Sie haben eine Frage zu der von Ihnen eingesetzten Software? Mit seinen Gruppen bietet XING reichlich interessante Plätze und Möglichkeiten, um eigene Artikel zu verfassen. Das ist völlig unkompliziert. Innerhalb der Gruppe, in der Ihr Beitrag erscheinen soll, wechseln Sie zunächst in das thematisch passende Forum.

So schreiben Sie einen neuen eigenen Beitrag.

Am unteren Rand der Nachrichtenübersicht finden Sie den Link *Neuen Artikel in diesem Forum schreiben*. Damit gelangen Sie zu einem noch leeren Editierfenster, das dem zum Verfassen einer persönlichen Nachricht entspricht. Vergeben Sie zunächst einen aussagefähigen Betreff für den Artikel. Achten Sie dabei auch auf die Gepflogenheiten der Gruppe. Bei Marktplätzen für Jobs oder Kooperationen ist es z.B. häufig üblich, dass Angebote und Gesuche durch Schlüsselbegriffe gekennzeichnet werden oder aber auch das Land, für welches das Angebot gilt, mit seinem Kennzeichen hervorgehoben wird.

Bevor der Beitrag veröffentlicht wird, können Sie sich noch einmal mit einem Druck auf *Vorschau* von der Darstellung überzeugen. Haben Sie beispielweise beim Einfügen einer URL auch an das einführende »http://« gedacht, damit XING die Adresse auch anklickbar macht? Andernfalls können Sie im Editor noch Korrekturen vornehmen. Mit einem Druck auf *Absenden* wird der Beitrag dann veröffentlicht.

Wie im vorherigen Abschnitt gezeigt, können Sie sich auch bei Ihren eigenen Beiträgen benachrichtigen lassen, wenn Antworten darauf veröffentlicht werden oder neue Artikel innerhalb des Artikelbaums erscheinen. Dazu markieren Sie die gewünschte Option, bevor Sie Ihre Nachricht veröffentlichen.

9.6 Wer ist denn noch Mitglied?

Über die intensive Lektüre der Beiträge in den Brettern einer Gruppe lernen Sie im Laufe der Zeit andere Mitglieder kennen, die sich für die gleichen Themen wie Sie interessieren. Aus dieser Gemeinsamkeit können sich schnell Anknüpfungspunkte ergeben. Wenn Sie sich schneller darüber informieren möchten, wer Ihre Vorlieben für ein spezielles Thema teilt, sehen Sie sich am besten einmal die Mitgliederliste einer Gruppe an.

Mitgliederlisten einsehen

Über den Schalter auf der Startseite der Gruppe können Sie mit *Mitgliederliste* zur Übersicht der Mitglieder wechseln. In der Zusammenfassung am oberen Rand der Seite wird zusätzlich angezeigt, wie viele Mitglieder die Gruppe aktuell hat und wie viele davon nicht in der Liste erscheinen, weil diese Nutzer in den Einstellungen zu ihrer Privatsphäre die Anzeige unterbunden haben.

Die Privatsphäre bleibt gewahrt.

Über das Listenfeld am oberen Rand sortieren Sie die Darstellung. Mit *Sortierung nach Beitrittsdatum* erhalten Sie eine chronologische Übersicht der Gruppenmitglieder. Die neuesten Mitglieder stehen hierbei am Anfang der Liste. Auch in dieser Aufstellung erhalten Sie nur Zugriff auf die Mitglieder, die diese Information freigegeben haben. Mit dem zweiten Auswahlfeld lassen Sie sich entweder alle Mitglieder anzeigen oder nur die Moderatoren.

Der Zugriff auf die Mitgliederliste ist allerdings nicht in jeder Gruppe möglich. Die Betreiber können selbst darüber entscheiden, ob die Information veröffentlicht werden soll.

9.7 Auf dem Laufenden bleiben

Sie sind neugierig darauf, zu erfahren, ob in einer Gruppe ein neuer Beitrag erschienen ist, weil Sie eine wichtige Anfrage gestellt haben? Sie brauchen nicht ständig die Gruppe zu besuchen, um nachzusehen, ob es Neuigkeiten gibt. Das kann die Plattform für Sie erledigen!

Benachrichtigungen im Abo!

Um sich einfach per E-Mail auf eine neue Nachricht aufmerksam machen zu lassen, wechseln Sie zunächst innerhalb der Gruppe in das Forum, das Sie interessiert. In der rechten oberen Ecke befindet sich der Eintrag *Artikel dieses Forum abonnieren*. Sobald Sie auf den Link klicken, wird die Benachrichtigungsfunktion aktiviert. Wird in diesem Brett nun ein neuer Beitrag geschrieben, erhalten Sie eine kurze Benachrichtigung mit dem Betreff der Nachrichten ganz einfach an Ihre bei XING hinterlegte geschäftliche E-Mail-Adresse.

Und wieder abstellen

Das Abbestellen von Benachrichtigungen ist sehr elegant gelöst worden. Klicken Sie einmal auf den Eintrag *Gruppen* am oberen Bildschirmrand, um in den Bereich der Gruppen zu gelangen. Auf der zweiten Navigationsebene klicken Sie nun einmal auf *Abonnements*. Sie gelangen damit zu einer Übersicht, die Ihnen alle Benachrichtigungen anzeigt, die Sie für die von Ihnen besuchten Gruppen eingerichtet haben. Hier können Sie nun gezielt einzelne oder alle Abonnements mit den Optionsfeldern markieren. Drücken Sie anschließend auf *Löschen*. Es folgt eine Sicherheitsabfrage, die Sie mit einem Druck auf *OK* bestätigen. Damit ist dann das Abonnement beendet.

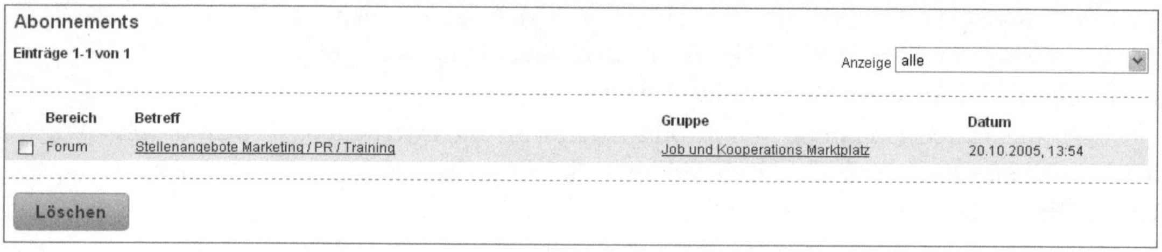

Abb. 9–6
Hier können Sie die Abonnements wieder abstellen.

Die Verwaltung der Abonnements erreichen Sie auch individuell über jede einzelne Gruppe. Wird das Kommando von dort ausgeführt, betreffen die Einstellungen nur die Foren der gerade besuchten Gruppe.

Modern und bequem: RSS

Neben der Benachrichtigung über E-Mails lassen sich die Inhalte auch als so genannter RSS-Feed abonnieren.

Wer nach der Bedeutung der Abkürzung RSS im Internet recherchiert, stößt rasch auf verschiedene Erklärungsversuche. Einerseits soll RSS für »Really Simple Syndication« stehen, andererseits für »Rich Site Summary«. Letztlich ist die genaue Bedeutung des Begriffs aber unerheblich. Gemeint ist ein standardisiertes Verfahren, die Informationen einer Website (Nachrichtenseite, Blog oder – wie in diesem Fall – eines Forums) in einem besonderen Format zur Verfügung zu stellen, das von speziellen Programmen gelesen und dargestellt werden kann. Dabei wird meist der Inhalt nicht vollständig ausgeliefert, sondern nur ein kleiner Auszug.

Mit einem Feedreader noch einmal so bequem.

Mit einem so genannten Feedreader, den es sowohl als installierbares PC-Programm wie auch als reine Online-Lösung gibt, können diese Informationsquellen verwaltet werden. Der Feedreader ruft nun in regelmäßigen Abständen die abonnierten RSS-Quellen ab und macht Sie auf neue Inhalte aufmerksam. Wie in Ihrem Mail-Programm können Sie auf diese Weise sofort erkennen, wie viele neue Beiträge in dem Forum oder auf der Nachrichtenseite zu finden sind. Wird der gesamte Beitrag ausgeliefert, können Sie diesen auch direkt im Feedreader lesen. Ansonsten genügt meist ein Mausklick, um sich den Text im Browser anzeigen zu lassen.

Ein solches Programm ist natürlich sehr praktisch, da Sie sich damit den Besuch vieler Internetseiten sparen, um nachzusehen, ob neue Inhalte veröffentlicht worden sind. Besonders bequem arbeiten Sie mit einem solchen Programm, wenn Sie über eine ständige Verbindung mit dem Internet verfügen, da Sie dann ein recht enges Aktualisierungsintervall einrichten können und sich nicht um die Einwahl ins Netz zu kümmern brauchen.

RSS-Formate

Derzeit gibt es drei verschiedene RSS-Formate, die in aller Regel von allen Feedreadern verarbeitet werden können. Um eine solche Informationsquelle zu abonnieren, müssen Sie dem Feedreader die Internetadresse (URL) mitteilen, unter der die Daten abgerufen werden können.

So abonnieren Sie einen RSS-Feed.

Die Bedienungskonzepte der einzelnen Programme unterscheiden sich zum Teil erheblich voneinander, deshalb an dieser Stelle nur einige allgemeine Hinweise. Suchen Sie in der Software selbst nach einem Eintrag wie »Newsfeed abonnieren« oder »Subscriptions«. Meist genügt die Angabe der URL; die weiteren Informationen wie die Bezeichnung der Datenquelle besorgt sich das Programm dann automatisch.

Um der Software die benötigte URL zu übergeben, gehen Sie am zweckmäßigsten so vor: Auf der Startseite der Gruppe finden Sie auf der rechten Seite den Eintrag *RSS-Feed für diese Gruppe.*

> RSS-Feeds sind nicht für alle Gruppen verfügbar. Fehlt der Eintrag auf der Gruppenseite, handelt es sich nicht um eine Fehlfunktion. In diesem Fall ist die Gruppe wahrscheinlich nicht öffentlich oder die Betreiber bieten die Funktion aus einem anderen Grund nicht an.

Klicken Sie dann mit der rechten Maustaste auf den Eintrag. Aus dem Kontextmenü z.B. des Internet Explorers markieren Sie dann den Eintrag *Verknüpfung kopieren.* Damit übernehmen Sie die URL in die Zwischenablage, von wo sie dann in den entsprechenden Dialog des Programms eingefügt werden kann.

Abb. 9–7
Die Verweise zu den verschiedenen Formaten für RSS-Feeds in der Navigationsleiste der Gruppe

Zumeist müssen Sie nun auch noch das Aktualisierungsintervall in der Software hinterlegen. Welchen Wert Sie dort eintragen, hängt natürlich auch von Ihren Vorlieben und Bedürfnissen ab.

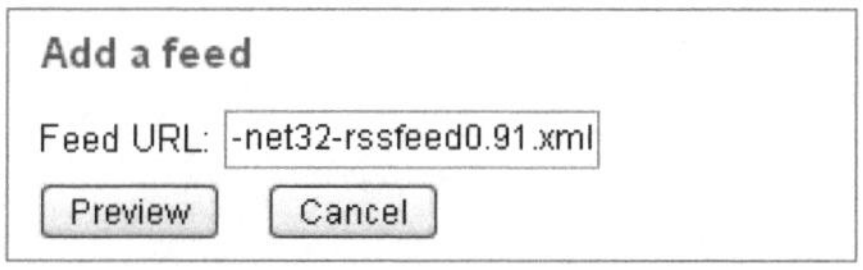

Abb. 9–8
Die Übergabe der Feed-URL an den neuen RSS-Reader von Google

In Gruppen mit vielen Beiträgen am Tag kann eine stündliche Aktualisierung durchaus angeraten sein. In Gruppen mit weniger Nachrichtenaufkommen reicht es dagegen vielleicht aus, sich nur alle drei oder vier Stunden auf den aktuellen Stand zu bringen.

Abb. 9–9
Zugriff auf die Artikel einer Gruppe über den RSS-Reader

9.7.1 Das Programm Feedreader nutzen

Um Ihnen die Nutzung der RSS-Feeds möglichst einfach zu machen, bietet Ihnen XING in seinem Download-Bereich auch einen Link auf einen leistungsstarken und einfach bedienbaren Feedreader. Folgen Sie dem Link und laden Sie sich von der Website (www.feedreader.com/download) die aktuelle Version auf Ihren Rechner herunter. Ist die Dateiübertragung beendet, klicken Sie doppelt auf den Eintrag der gespeicherten Datei.

Feedreader installieren

Nachdem Sie die Sprache des Installationsprogramms festgelegt haben, werden Sie von einem Assistenten begrüßt. Bestätigen Sie diesen Dialog mit einem Druck auf *Weiter*. Es werden Ihnen nun die Lizenzbedingungen des Programms angezeigt. Lesen Sie diese sorgsam durch, und nehmen Sie diese an, um mit der Installation fortzufahren. Drücken Sie dann auf *Weiter*.

In diesem Schritt bestimmen Sie, in welches Verzeichnis das Programm installiert werden soll (siehe Abb. 9–10).

Sind Sie mit diesem Vorschlag einverstanden, klicken Sie erneut auf *Weiter*. Der nachfolgende Dialog möchte von Ihnen wissen, in welcher Programmgruppe, die Sie ja über das Startmenü erreichen, das Programm gespeichert werden soll. Auch diesen Dialog bestätigen Sie mit *Weiter*. Wenn Sie ein Icon auf dem Desktop ablegen wollen, über

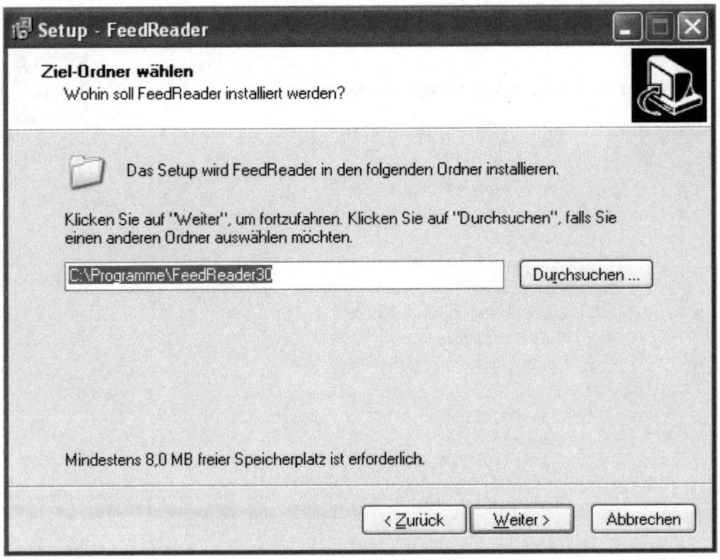

Abb. 9–10

Legen Sie das Verzeichnis für das Programm fest.

das Sie das Programm starten können, aktivieren Sie die entsprechenden Optionen und führen *Weiter* aus. Sie erhalten eine Zusammenfassung der eingestellten Optionen. Entsprechen diese Ihren Vorstellungen, drücken Sie auf *Installieren*. Das Setup kopiert nun alle benötigten Dateien auf Ihren Rechner. Nachdem das erfolgreich abgeschlossen wurde, werden automatisch die Grundeinstellungen vorgenommen. Zunächst wählen Sie die gewünschte Programmsprache aus und anschließend können Sie bestimmen, dass Feedreader automatisch beim Systemstart geladen wird. Feedreader kann Ihnen bereits einige interessante Feeds bekannter Nachrichtensites und Blogs importieren. Wählen Sie die gewünschten Einträge aus oder heben Sie die Markierungen auf. Mit *Beenden* werden die grundlegenden Einstellungen abgeschlossen und das Programm gestartet (siehe Abb. 9–11).

XING bietet Ihnen ja die Möglichkeit, sich die Liste der Mitglieder, die sich Ihre Profilseite angesehen haben, als Feed zu betrachten. Führen Sie also zunächst die Powersuche aus. In der rechten oberen Ecke der Trefferliste finden Sie den Link *RSS-Feed dieser Seite*. Klicken Sie im Internet Explorer mit der rechten Maustaste darauf und nutzen Sie den Befehl *Verknüpfung kopieren*.

Einen Feed importieren

Wechseln Sie nun in das Programm Feedreader. Aus dem Menü *Datei* führen Sie nun das Kommando *Neu* aus und markieren anschließend den Eintrag *Feed*. Befindet sich in der Zwischenablage bereits die URL für den Feed, wird dieser auch sofort innerhalb des Programms sichtbar. Andernfalls platzieren Sie den Cursor innerhalb der kleinen

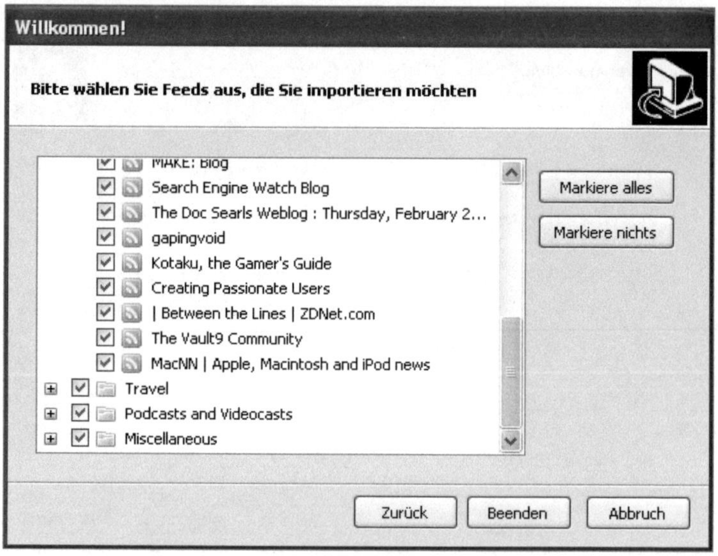

Abb. 9–11
Wählen Sie aus dem reichhaltigen Angebot an Feeds aus.

Eingabezeile am oberen Bildschirmrand und tragen die URL für den Feed dort ein. Mit einem Druck auf *OK* übernehmen Sie den Feed zur Aktualisierung in das Programm. Besteht eine Verbindung zum Internet, werden die Inhalte des Feeds auch unmittelbar aktualisiert.

Die Details zu einem Feed ändern Sie in einem eigenen Verwaltungsmodul, das Sie über *Datei/Verwalte Feeds* erreichen. Im Feld *URL* können Sie die Adresse des Feeds bei Bedarf ändern. Unter *Feed-Name* können Sie eine eigene Bezeichnung für das Angebot vergeben. Der Zugriff auf einige Inhalte bei XING ist durch Ihren Benutzernamen und das Passwort gesichert. Beides müssen Sie also in die vorgesehenen Felder eintragen. Mit den beiden weiteren Optionen steuern Sie das Verhalten des Programms selbst. Zum einen definieren Sie, wie viele Einträge das Programm speichern soll, wie groß das Archiv sein darf. Außerdem steuern Sie, in welchem zeitlichen Abstand der Feed aktualisiert wird. Mit einem Druck auf *Speichern* übernehmen Sie die Einstellungen (siehe Abb. 9–12).

Das Verwaltungsmodul verlassen Sie mit einem Druck auf das kleine unscheinbare Schließen-Symbol in der rechten oberen Ecke des Dialogs.

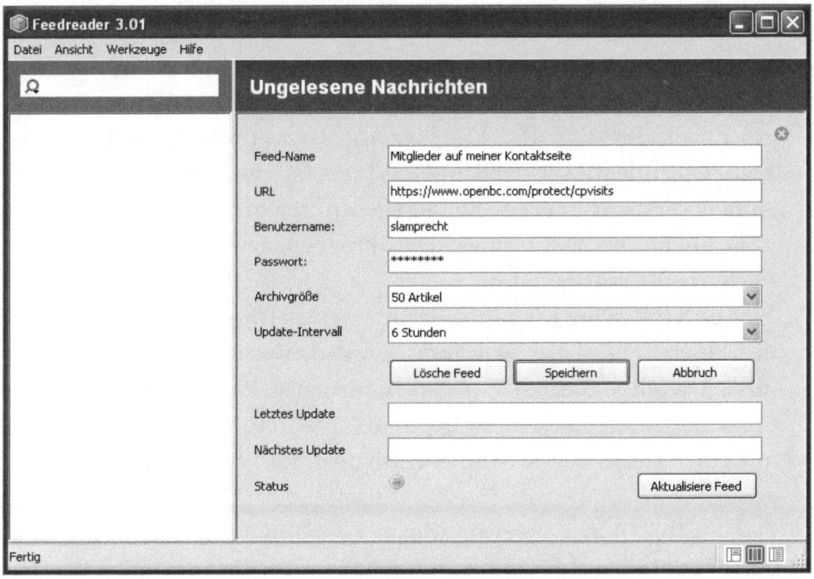

Abb. 9–12
Tragen Sie hier die Einzelheiten des Feeds ein, um informiert zu bleiben.

9.8 Mitgliedschaft beenden

Wenn Sie feststellen, dass Sie das Thema der Gruppe doch nicht so spannend finden, wie vielleicht gedacht, oder Ihnen einfach schlichtweg die Zeit für weitere regelmäßige Besuche fehlt, beenden Sie Ihre Mitgliedschaft ganz unkompliziert. Auch für diese Aktion finden Sie auf der Startseite der Gruppe im rechten Bereich einen entsprechenden Eintrag. Über *Mitgliedschaft in dieser Gruppe beenden* können Sie die Kündigung vornehmen.

Wenn die Teilnahme an der Gruppe freischaltungspflichtig war und Sie es sich später wieder anders überlegen, müssen Sie zum erneuten Beitritt den bereits gezeigten Anmeldeprozess durchlaufen.

9.9 Premium-Gruppen

Neben den bereits vorgestellten Gruppenformen stellt XING interessierten Unternehmen, internationalen Gemeinschaften, Institutionen, Medien oder Universitäten mit den Premium-Gruppen eigene Plattformen zur Verfügung, die sich nahtlos in das XING-Netzwerk einfügen. Damit werden der Aufbau und die Pflege einer Gemeinschaft für die Betreiber einer Gruppe deutlich erleichtert.

Vorteil der Premium-Gruppen

Die Premium-Gruppen bieten für alle Beteiligten eine Reihe von Vorteilen:

- Aktuelles Datenmaterial: Da jedes Mitglied darauf achtet, auf seiner Profilseite stets die aktuellen Adressen und Kontaktdaten einzustellen, pflegt sich der Datenbestand fast von allein. Wer schon einmal versucht hat, ein Ehemaligentreffen zu organisieren, weiß, dass allein die Ermittlung der aktuellen Postanschrift zu einer Fleißarbeit ausarten kann.
- Wer in XING eine Premium-Gruppe seines Unternehmens oder seiner Hochschule besuchen kann, wird diesen Komfort nicht mehr missen wollen. Statt sich auf verschiedenen Portalen einloggen zu müssen, genügt das sichere Login in XING. Man braucht sich nicht auf einer zusätzlichen Seite einzuloggen, die Anmeldung in XING genügt.
- Der Aufbau einer eigenständigen Gemeinschaft, sei es für eine NGO oder eine Zeitung, ist ein langwieriger Prozess. Bis sich eine kritische Masse an Nutzern zusammenfindet, die genügend Beiträge schreiben und Impulse geben, um das Angebot für andere interessant zu machen, dauert es eine Zeit. Manche Gemeinschaften haben dieses Stadium nie erreicht und sind schnell wieder vom Markt verschwunden. Mit mehr als 1 Million Mitgliedern bietet XING Interessenten reichlich Potenzial, aus dem sich schöpfen lässt.

Mit Recht darf erwartet werden, dass die Zahl der Premium-Gruppen in der nächsten Zeit stark anwachsen wird.

Das Angebot an bestehenden Premium-Gruppen wird Ihnen über den gleichnamigen Eintrag in der zweiten Navigationsebene im Bereich *Gruppen* angeboten. In der Liste erfahren Sie den Namen der Gruppe, einen Überblick des dort behandelten Themas und die aktuelle Mitgliederzahl. Mit einem Klick auf den Namen der Gruppe gelangen Sie zu deren Startseite. Diese unterscheidet sich auch optisch von den Seiten einer klassischen Gruppe (siehe Abb. 9–13).

Elemente einer Premium-Gruppe

Welche Bereiche einem Mitglied in der Gruppe zur Verfügung stehen, ist von den Einstellungen der Betreiber abhängig. Diese können individuell steuern, was in ihrer Gruppe angeboten werden soll. Typischerweise werden dies die nachfolgenden Elemente oder auch nur Teilmengen daraus sein:

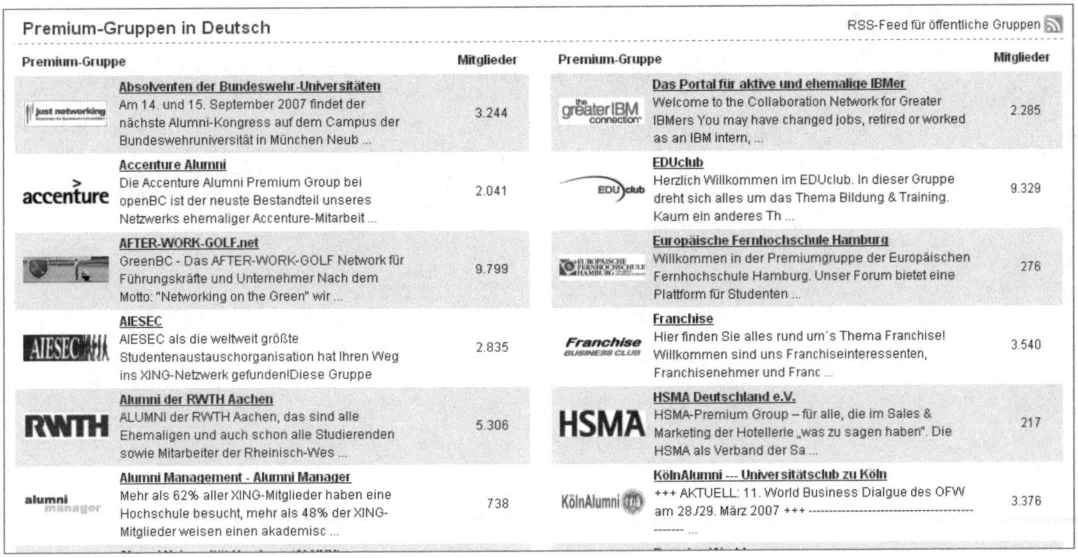

Abb. 9–13
Übersicht der Premium-Gruppen

- *Über diese Gruppe*:
  Hier haben die Gruppenbetreiber Gelegenheit, den Zweck und die Inhalte der Gruppe ausführlich zu beschreiben.
- *Startseite*:
  Damit gelangen Sie immer wieder zur Startseite der Gruppe zurück, die Ihrer persönlichen Startseite in XING sehr ähnelt. Dazu aber gleich mehr.
- *Foren*:
  Darüber gelangen Sie zu den einzelnen Foren innerhalb der Gruppe. In den Foren haben Sie Gelegenheit, sich mit den anderen Mitgliedern auszutauschen und zu diskutieren.
- *Mitgliederliste*:
  Gibt den Blick auf die Mitgliederliste der Gruppe frei (siehe Abb. 9–14).

Die Startseite der Premium-Gruppe ist Ihre Schaltzentrale und Informationsquelle rund um das Gruppenleben. Im oberen rechten Bereich der Seite finden Sie eine Infobox, die Sie über die neuesten Beiträge in den Foren informiert. Damit bleibt Ihnen keine spannende Diskussion verborgen. Die seit Ihrem letzten Besuch neu geschriebenen Beiträge sind mit dem Symbol einer Glühbirne gekennzeichnet.

In einer Infobox erhalten Sie eine Übersicht der letzten fünf neuen Mitglieder. Mit einem Klick auf *Mehr* gelangen Sie zur Mitgliederliste, die automatisch nach dem Beitrittsdatum sortiert worden ist. Zu dieser

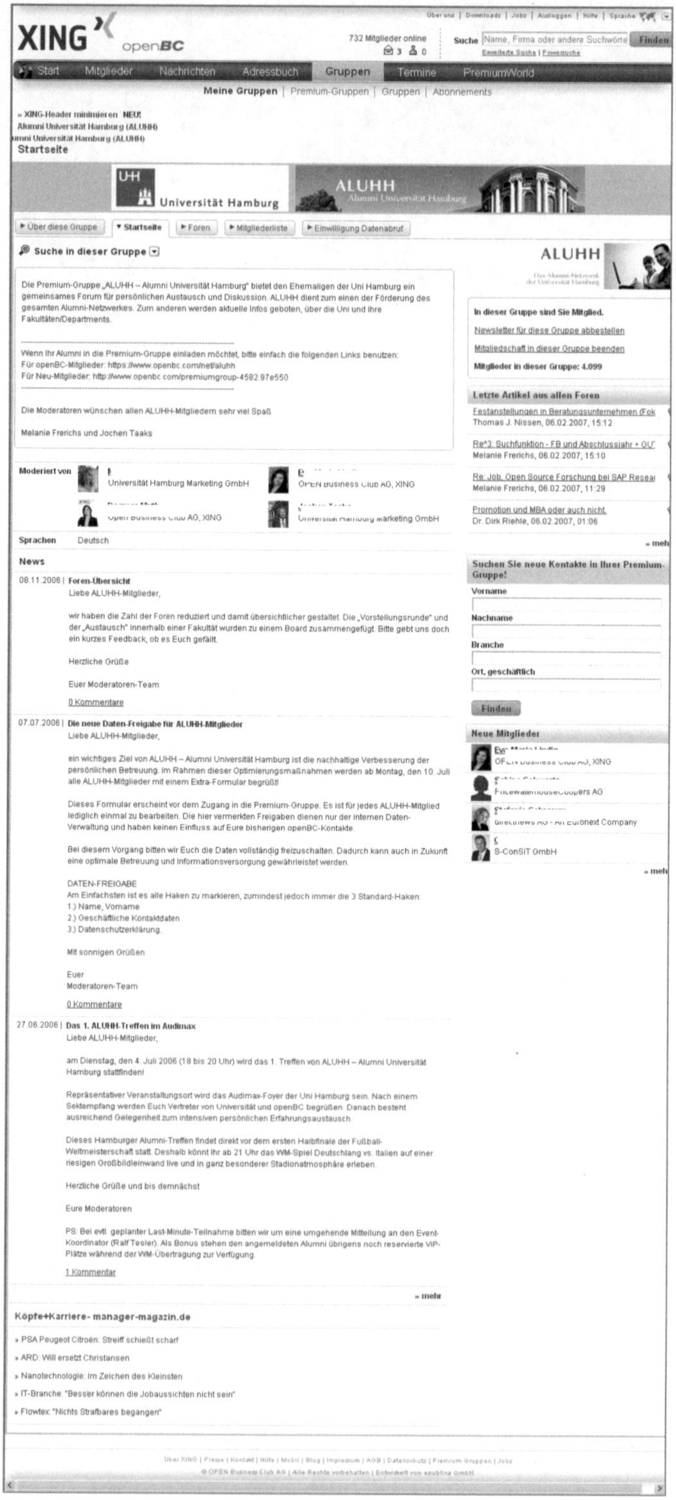

Abb. 9–14

Die Startseite der Premium-Gruppe

Suche können Sie auch einen Suchagenten (siehe Abschnitt 5.1.2) formulieren, der Sie automatisch informieren wird, wenn entweder die gesuchte Person Mitglied der Gruppe geworden ist oder neue Mitglieder in der von Ihnen gesuchten Branche arbeiten.

Unmittelbar darunter ist eine Suche installiert, welche die gezielte Recherche im Mitgliederbestand ausschließlich innerhalb der Premium-Gruppe erlaubt. Neben Name und Vorname können Sie auch nach Branche und Ort suchen. Natürlich ist auch eine Kombination aus mehreren Eingaben möglich. Wie von den Suchfunktionen aus XING gewohnt, erhalten Sie eine übersichtliche Trefferliste angezeigt, die Ihnen die gefundenen Mitglieder mit einem kleinen Foto vorstellt. Über die Trefferliste gelangen Sie damit bereits zur Profilseite des Mitglieds. Gerade eine Premium-Gruppe eignet sich hervorragend zur Anknüpfung neuer Kontakte, denn die Teilnahme an der Gruppe ist freischaltungspflichtig und so haben Sie beide bereits etwas gemeinsam.

Das Register *Foren* öffnet die Übersicht der in der Gruppe eingerichteten thematischen Diskussionsforen. Mit einem Klick auf den Titel öffnen Sie die Übersicht der verfassten Beiträge, die Sie sich mit einem Klick auf das Thema ansehen. Die weitere Bedienung unterscheidet sich nicht von den Foren der sonst angebotenen Gruppen. Sie können hier in den bereits verfassten Beiträgen stöbern, diese beantworten und neue Themen anstoßen.

9.10 Eine eigene Gruppe betreiben

Sie haben nach der aktiven Teilnahme an Gruppen Lust darauf bekommen, eine eigene Gruppe zu betreiben, oder sind der Ansicht, dass ein wichtiges Thema derzeit noch nicht dargestellt wird? Als Mitglied können Sie eine neue Gruppe vorschlagen, allerdings lebt dieses Vorschlagsrecht vom Prinzip des Mitmachens! Schlagen Sie also ein Thema vor, sollten Sie auch bereit sein, diese Gruppe als Moderator zu betreuen.

Haben Sie die Zeit für eine eigene Gruppe?

Unterschätzen Sie dabei nicht den zeitlichen Aufwand, der durch die Betreuung und den Aufbau einer Gruppe entsteht. Nach meiner Erfahrung starten viele Gruppen sehr ambitioniert, schlafen dann aber schnell wieder ein, da zu wenig Diskussion stattfindet. Bis sich eine genügend große Teilnehmerzahl findet, die von sich aus untereinander diskutieren kann, vergeht eine Weile. Zeit, in der Sie als Moderator Impulsgeber sein müssen und Moderator im reinsten Wortsinn. Andererseits steigt der zeitliche Aufwand ebenfalls, wenn die Gruppe erst einmal floriert, denn schließlich wollen Sie ja auch wissen, was in Ihrer Gruppe passiert, und werden entsprechend viel zu lesen und zu schreiben haben. Bevor Sie sich also daranmachen, einen Vorschlag für ein neues Thema zu machen, fragen Sie sich, ob Ihnen die notwendigen Ressourcen zur Verfügung stehen. Ist das der Fall, umso besser.

Bietet das Thema genügend Aspekte?

Ein weiterer Gesichtspunkt, den Sie berücksichtigen sollten, bevor Sie einen Vorschlag einreichen: Lassen sich Ihrem Wunschthema genügend Aspekte abgewinnen, um es in einer Gruppe zu betreiben? Wie können die Inhalte untergliedert werden, um verschiedene Bretter einzurichten? Könnte Ihr Spezialthema vielleicht als Unterthema einer bereits vorhandenen Gruppe aufgefasst werden? Dann bietet es sich als Alternative zur eigenen Gruppe an, sich einmal an den Moderator zu wenden. Vielleicht stellt er Ihr Thema als eigenes Brett in seine Gruppe ein und macht Sie zum Co-Moderator.

Die Mitarbeiter von XING erhalten zahlreiche Themenvorschläge zur Bearbeitung. Schon allein deshalb rate ich Ihnen die gründliche Recherche in den bereits angebotenen Gruppen, um wirklich auszuschließen, dass Ihr Thema bereits, wenn auch unter einem anderen Namen, vorhanden ist. Mit den beschriebenen Suchfunktionen können Sie das schnell herausfinden.

Suchen Sie sich einen Co-Moderator.

Grundsätzlich hilfreich ist es, wenn Sie einen Mitstreiter für Ihr Thema gewinnen können, der von Ihnen bei der Antragstellung bereits als Co-Moderator genannt wird. Sie können sich dann bereits von Anfang an die Arbeit teilen, was natürlich ein Vorteil ist, wenn Sie später etwa durch Urlaub daran gehindert sind, aktiv in das Gruppengeschehen einzugreifen.

Um eine neue Gruppe vorzuschlagen, gehen Sie folgendermaßen vor: Am Ende der Gruppenliste, die Ihnen nach Auswahl einer Kategorie angezeigt wird, die Sie ja über den Eintrag *Gruppen* aus der zweiten Navigationsebene des Bereichs *Gruppen* erreichen, finden Sie den Schalter *Neue Gruppe vorschlagen*. Damit gelangen Sie zu einem übersichtlichen Formular, das Ihren Vorschlag für das XING-Team gliedert. Geben Sie hier einen Titel für die Gruppe ein, der das Thema der Gruppe kurz beschreibt (siehe Abb. 9–15).

Unmittelbar darunter befinden sich die Optionsfelder der angebotenen Kategorien. Markieren Sie hier den Eintrag der Kategorie, zu der Ihre Gruppe passt. Darunter ist ein Notizfeld angebracht, das Ihnen genügend Platz bietet, um das Thema und die Idee Ihrer Gruppe zu erläutern. Bedenken Sie beim Schreiben Ihres Textes, dass Sie deutlich tiefer in Ihrem Thema stecken als die Mitarbeiter bei XING. Beschreiben Sie hier also etwas ausführlicher den Inhalt Ihrer Gruppe und

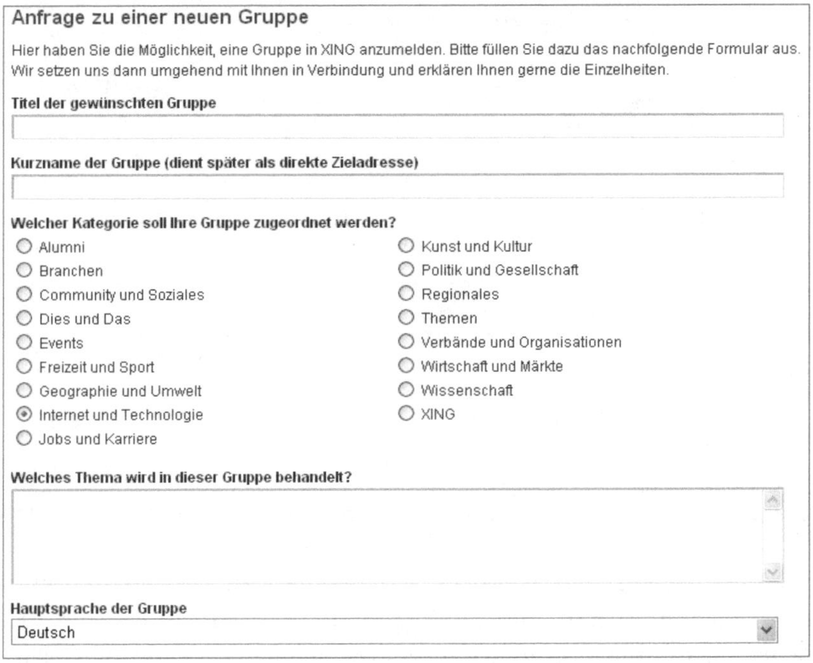

Abb. 9–15
Der erste Teil des Fragebogens zur Anmeldung einer neuen Gruppe

deren Aspekte. Warum ist das Thema auch für andere Mitglieder relevant? Im Prinzip sollte Ihr Text wie ein kleiner Werbeflyer aufgebaut sein, der seine Leser von der Notwendigkeit der neuen Gruppe überzeugt.

Auch das Ausfüllen der nächsten Felder hilft den Mitarbeitern von XING dabei, einzuschätzen, ob es sinnvoll ist, die Gruppe zu eröffnen. Legen Sie mithilfe des Listenfelds die Hauptsprache der Gruppe fest. Im Zweifel wird dies Deutsch sein, aber es hindert Sie natürlich niemand daran, auch eine Gruppe in französischer Sprache vorzuschlagen.

Die Moderatoren einer Gruppe sind in aller Regel Spezialisten in ihren Fachthemen. Um neue Diskussionen anzuregen, brauchen Sie natürlich den notwendigen Sachverstand, um etwa spezielle Aspekte eines Themas zu beleuchten. Deshalb werden Sie nach Ihren persönlichen Erfahrungen zum vorgeschlagenen Thema befragt. Der schwierigste Teil ist sicherlich die Einschätzung, wie viele Mitglieder die Gruppe innerhalb der nächsten drei Monate erreichen wird. Hier werden Sie mehr oder weniger auf Mutmaßungen angewiesen sein. Einen Anhaltspunkt kann natürlich auch der Vergleich mit anderen Gruppen bieten, auch wenn die Themen zum Teil viel zu speziell sind, um vergleichbar zu sein.

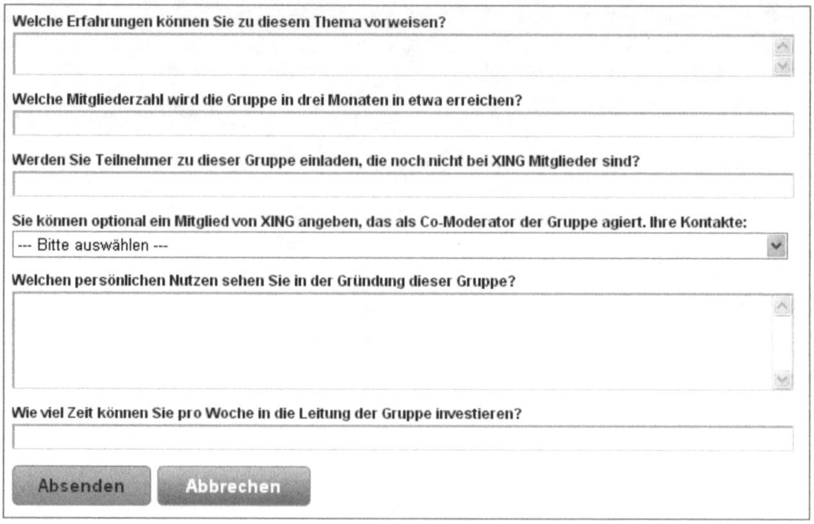

Abb. 9–16 *Und der zweite Teil des Fragebogens*

Auch die letzten beiden Fragen sind für die Mitarbeiter von XING durchaus interessant: einmal die Frage nach Ihrem persönlichen Motiv, eine Gruppe gründen zu wollen, wobei Sie durchaus ehrlich sein sollten, wenn es Ihnen etwa auch um Ihre persönliche Reputation geht, sowie schließlich die Frage nach dem persönlichen wöchentlichen Zeitbudget, das Sie als Moderator für die Gruppe aufwenden können.

Haben Sie alle Angaben gemacht, schicken Sie das Formular mit einem Druck auf die Schaltfläche ab. Es wird nun dem Team von XING übermittelt, das ihn prüfen wird. Fassen Sie sich ein wenig in Geduld, die Bearbeitung kann durchaus sieben bis zehn Tage in Anspruch nehmen.

10 Mitglieder stellen sich vor: Bernd Sommerfeld

Bernd Sommerfeld, 51, arbeitet seit 20 Jahren in der Informatik-Abteilung der Buchhandlung Lehmanns (www.LOB.de) in Berlin.

Seit wann sind Sie Mitglied von XING?

Vor etwa einem Jahr hat mich ein Kunde (jetzt Freund) eingeladen.

Im Internet werden ja einige Businessgemeinschaften angeboten. Warum haben Sie sich für XING entschieden?

Ich habe mich auch bei LinkedIn eingetragen und habe Freunde bei orkut. Bei XING sind für mich einfach die besseren Kontakte, und XING ist zudem hervorragend programmiert. Daher ist es meine ideale Plattform.

Womit verdienen Sie oder Ihr Unternehmen Ihr Geld?

Als Buchhandlung verkaufen wir Bücher und andere Medien. 7 Millionen Titel sind in unserer Datenbank (www.LOB.de). Wir produzieren aber auch selbst Bücher und Software. Ich habe 1992/93 damit angefangen, erst Linux-Disketten, Bücher und später CDs zu LaTeX, FreeBSD etc. zu vertreiben. Auch den ersten Linux & Internet-Kongress 1994 in Heidelberg habe ich mitorganisiert.

Welche Rolle spielt XING in Ihrem Geschäft? Wofür setzen Sie XING in erster Linie ein? Haben Sie darüber bereits neue Kunden gewonnen?

Als ich XING beitrat, war mein Ziel, ein erfolgreiches Weblog zu kreieren. Es gibt zwei gute Foren in XING. Dort habe ich erfahrene Kontakte dafür gefunden. Heute ist mein Blog http://blog.LOB.de bekannt und erfolgreich. Wie die Weblog-Techniken funktionieren, habe ich dann dort auch beschrieben. Mein Beitrag »Dynamisches Lesezeichen« ist einer der meistgelesenen Texte dort. Mein Ziel ist, mit dem Weblog wirklich gute Literatur (EDV/Romane/Hörbuch), fernab der öden Bestsellerlisten, bekannt zu machen.

Inzwischen sind weitere meiner Kollegen XING-Mitglieder und wir laden z.B. mit Erfolg zu interessanten Veranstaltungen und Lesungen in der Buchhandlung ein. Ich habe einen großen Bekanntenkreis und bekomme via XING von Mitgliedern auf diesem Weg Buchbestellungen. Wenn im Mac-Forum z.B. gerade ein neues Buch erwähnt wird, ist die Mail zu mir dann für einige wohl der einfachste Weg ;-)

Was schätzen Sie an XING besonders?

Es funktioniert! Mein Suchagent liefert jeden Sonntagmorgen seine Ergebnisse, ich bekomme nette Einladungen und Headhunter bieten mir spannende Jobs an. Den letzten habe ich an einen arbeitslosen Kunden vermittelt. Er ist jetzt erfolgreicher Lektor eines großen Verlags. Ich schätze es sehr, dass ich von jedem Rechner weltweit schnell in XING mit meinen Kontakten und Foren verbunden bin. Ständig finde ich neue und alte Bekannte. Mein Interesse gilt dabei dem Buchhandel und den Verlagen.

Ihr Tipp für die Gestaltung der eigenen Profilseite?

Ein Foto – es kann auch witzig sein – sollte schon sein.

Haben Sie einen Tipp für die Suche nach interessanten Kontakten?

Erst einmal in die unzähligen Foren schauen, wer was schreibt. Die Forenleiter sind dort wirklich hilfsbereit und bemüht, die richtigen Leute zusammenzuführen. Ich gehe auch gerne mal zu den Berliner Treffen, die Nils Rüstmann und Michael Kaufmann organisieren. Dort kann man nette XING-Mitglieder auch direkt kennen lernen. Ansonsten bietet die professionelle Suche für Premium-Mitglieder ja alles, was man sich wünschen kann ...

Sind Sie Premium-Mitglied?

Ja, damit ich sehe, wer meine Seiten aufruft. So ergeben sich oft zufällig die besten Kontakte.

Nehmen Sie an Gruppen teil? An welchen?

Ich sehe mir bei den Kontakten an, in welchen Gruppen diese eingetragen sind. Wenn das Thema für mich spannend ist, schaue ich rein und schreibe evtl. auch mit. Die Gruppen sind ein ganz zentraler Punkt, um Kontakte zu finden. Leider fehlt es oft an Zeit dafür.

Ihr Lieblingsfeature bei XING?

Immer das, was ich als Nächstes nutze. Ob ich Einladungen verschicke, mir Listen mit Gästen anschaue oder neue Kontakte finde. XING selbst verändert sich aber auch ständig. Viele Anwendungen sind verbessert oder völlig neu. Die Newsfeeds zu den Forenbeiträgen z.B. muss ich mir noch einmal genauer anschauen ...

11 Termine verwalten

XING bietet seinen Mitgliedern auch die Möglichkeit, Termine zu verwalten. Beim Terminmodul dreht sich alles in erster Linie ebenfalls um die Kommunikation. Die von Ihrer Terminverwaltung am PC gewohnte Kombination aus Termin- und Aufgabenverwaltung suchen Sie bei XING vergeblich. Vielmehr geht es um die Organisation von öffentlichen Terminen und Veranstaltungen (z.B. Seminare, Vorträge, aber auch Verabredungen zum lockeren Austausch) und Besprechungen.

Informieren Sie andere Mitglieder über Seminare und andere Veranstaltungen!

11.1 Terminhauptseite

Wenn Sie die Rubrik *Termine* in XING öffnen, gelangen Sie auf eine Bildschirmseite, die sich in folgende Elemente gliedert:

- *Suche:*
  Nach Anklicken des Links klappt das Suchformular auf, über das Sie die Termine durchsuchen können.
- *Kategorien:*
  Über die Kategorien stöbern Sie in den angelegten Terminen.
- *Aktionsleiste:*
  Am rechten Bildschirmrand sind die eigentlichen Terminfunktionen zugänglich gemacht.
- *Meine Termin:*
  Veranstaltungen, die Sie selber einberufen haben oder zu denen Sie eingeladen worden sind.
- *Öffentliche Termine:*
  Veranstaltungen aller Art, die Sie besuchen könnten. Über diesen Bereich sind auch die Kategorien für die Termine einsehbar.

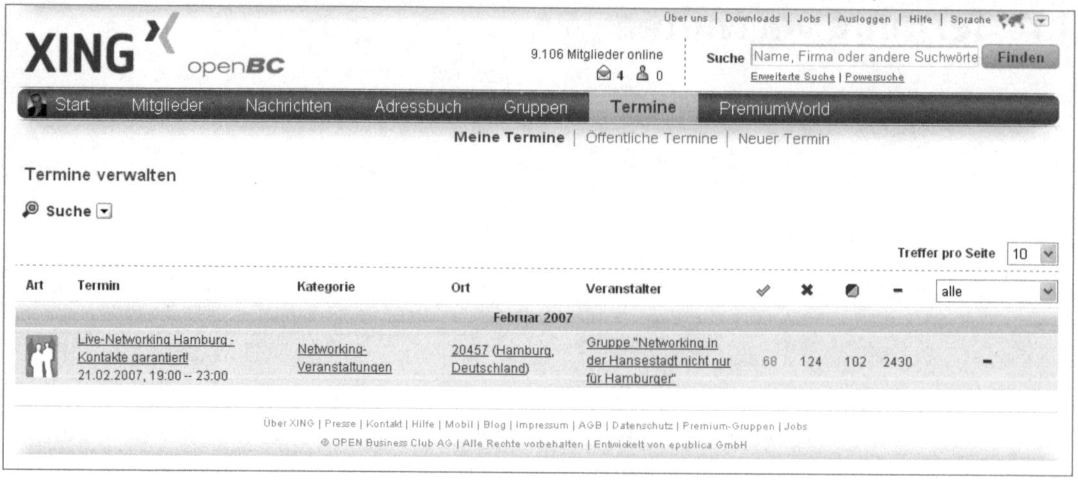

Abb. 11–1
Die Startseite des Terminbereichs

11.2 Termine einsehen und suchen

Wollen Sie sich über die angebotenen Termine informieren, ohne auf der Suche nach einem bestimmten Thema zu sein, bietet sich das Blättern in den Kategorien an. Diese gliedern sich u.a. in Seminare und Vorträge, Firmenpräsentationen, aber auch Veranstaltungen zum Networking der Teilnehmer.

Öffentliche Termine sind in Kategorien aufgeteilt.

Dazu klicken Sie am einfachsten auf den Eintrag *Öffentliche Termine* in der zweiten Navigationsebene der oberen Navigation. Es werden nun die vorhandenen Kategorien angezeigt. Mit einem Druck auf den Namen einer Kategorie werden die darunter gespeicherten Termine in Form einer Ergebnisliste angezeigt. Der aktuellste Termin steht dabei an erster Stelle. Über das Listenfeld am oberen Rand steuern Sie, wie viele Treffer auf einer Bildschirmseite angezeigt werden.

Zu jedem Termin finden Sie in der Tabelle den Titel der Veranstaltung, das Datum, die Kategorie, den Ort und schließlich den Namen des Veranstalters. Jeder dieser Einträge ist als Hyperlink ausgeführt. So rufen Sie mit einem Mausklick auf den Namen des Veranstalters dessen Profilseite in XING auf.

Klicken Sie am oberen Bildschirmrand auf den Schalter neben dem Wort *Suche*, erreichen Sie den Dialog für die weitere Recherche im Datenbestand. Dabei handelt es sich um die gleichen Felder, die Sie auch über die Terminsuche erreichen (siehe Abb. 11–2).

Durchsuchen Sie die angebotenen Termine.

Um innerhalb der in XING hinterlegten Termine zu suchen, öffnen Sie zunächst den entsprechenden Dialog mit einem Klick auf den kleinen Pfeil neben dem Wort *Suche*. Tragen Sie das Thema, das Sie inter-

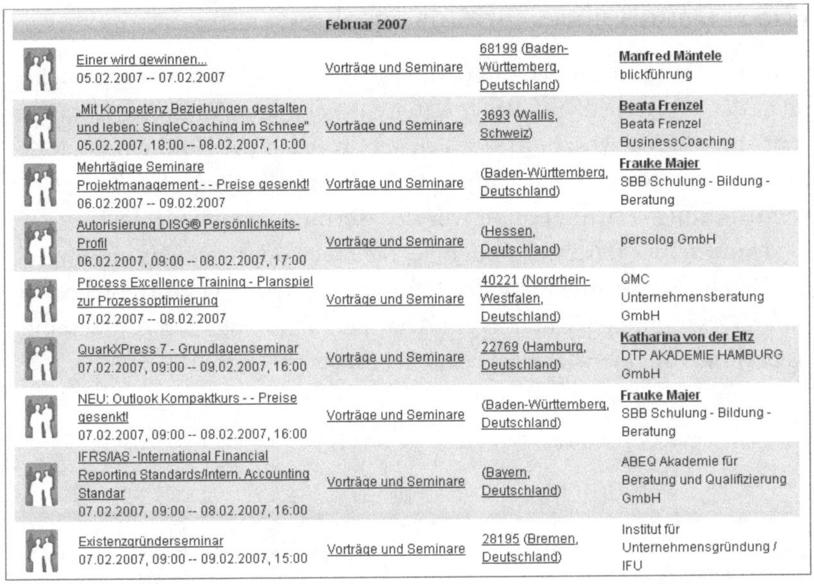

Abb. 11-2
Die Termine einer Kategorie in der Übersicht

essiert, in das gleichnamige Feld am oberen Bildschirmrand ein. Über das Listenfeld wählen Sie die Kategorie aus, innerhalb der Sie suchen wollen, oder aber belassen es bei der Voreinstellung. Das zweite Listenfeld erlaubt Ihnen eine Länderauswahl. Schließlich tragen Sie optional noch die Stadt, also den Veranstaltungsort ein und beschränken die Auswahl der Sprache. Mit einem Druck auf *Suchen* wird die Recherche ausgeführt. Sind Termine vorhanden, erscheinen diese in einer Trefferliste, die optisch wie die Liste innerhalb einer Kategorie gestaltet ist.

Abb. 11-3
Die einfache Suche im Terminbereich

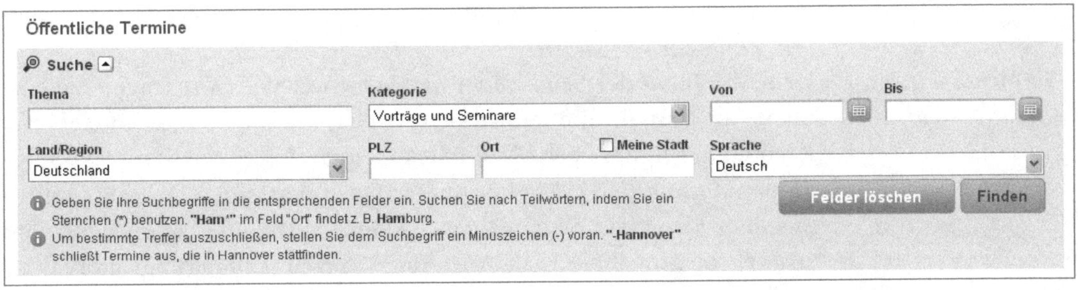

11.3 Details eines Termins ansehen

Haben Sie einen Termin gefunden, dessen Thema Ihnen zusagt, klicken Sie in der Trefferliste auf seinen Titel. Sie gelangen damit zur Detailansicht. Im oberen Abschnitt des Fensters werden die Rahmendaten des Termins angezeigt. So entnehmen Sie auf einen Blick, wo und wann die Veranstaltung stattfindet und wer den Termin eingetragen hat.

Unmittelbar darunter finden Sie die mehr oder weniger umfangreiche Beschreibung, für die jeder Veranstalter selbst verantwortlich ist. Unter Umständen wird nur ein knapper Text angeboten, der einen Hyperlink auf eine weiterführende Internetseite enthält.

Abb. 11–4 *Detailinformationen zu einem Termin*

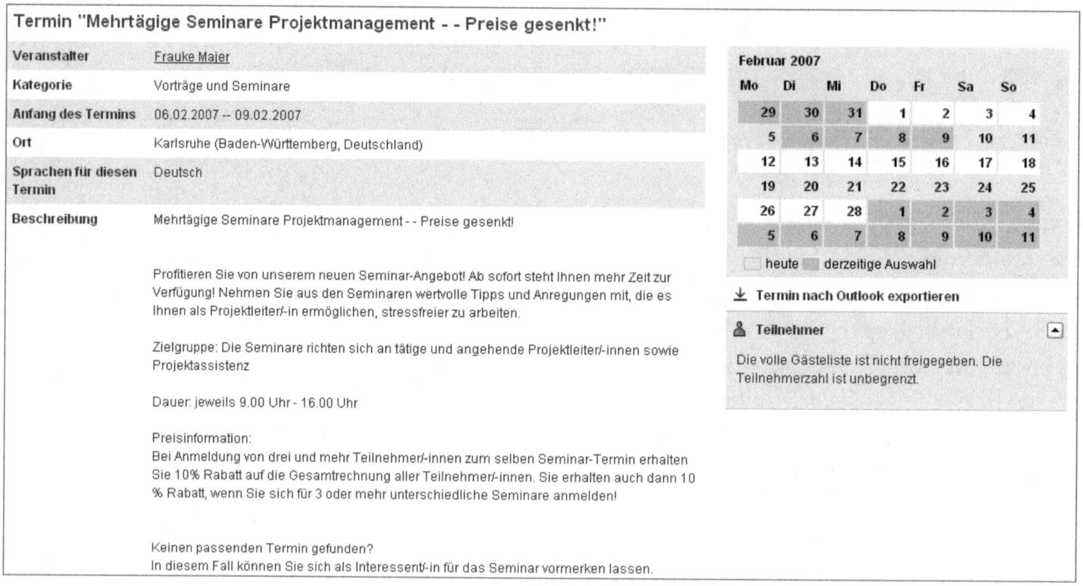

Auf Wunsch per Mail an Termin erinnern lassen

Den Abschluss der Seite bildet die Antwortzeile. Dort tragen Sie ein, ob Sie an dem Termin teilnehmen wollen, und können optional einen Kommentar hinterlegen. Wenn Sie möchten, lassen Sie sich von XING an den Termin per E-Mail erinnern. Dazu markieren Sie eine Option aus dem Listenfeld oder wählen *Anderer Wert* aus. Damit wird eine zusätzliche Eingabezeile sichtbar, in der Sie ein Erinnerungsintervall in Minuten eintragen. Mit *Speichern* schließen Sie die Terminvereinbarung ab.

11.4 Termin exportieren

Sie werden wahrscheinlich auf Ihrem PC ein Programm zur Terminverwaltung einsetzen. Unabhängig davon, ob Sie an einer Veranstaltung teilnehmen möchten oder nicht, kann der Termin aus XING exportiert werden. Dabei wird eine so genannte ICS-Datei erzeugt, die nicht nur von Outlook, sondern einer Reihe weiterer Programme verarbeitet werden kann.

Einfach die ICS-Datei herunterladen

Dazu gehen Sie so vor: Wählen Sie den Hyperlink *Termin nach Outlook exportieren* aus, der sich auf der rechten Bildschirmseite in der Detailansicht des Termins befindet. Ihr Browser wird Sie nun fragen, was mit der zu übertragenden Datei geschehen soll. Entscheiden Sie sich hier für *Speichern.*

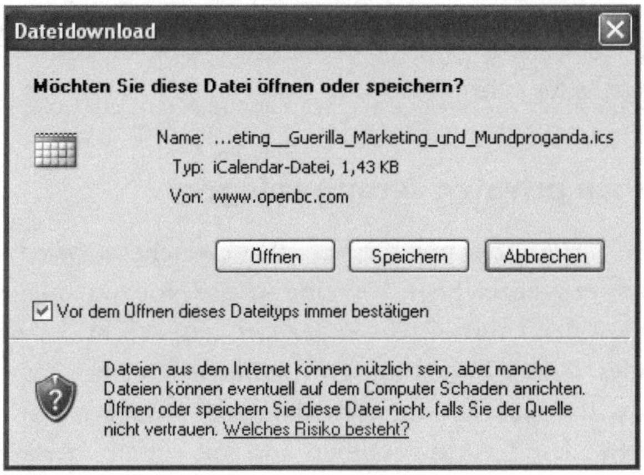

Abb. 11–5
Speichern Sie die zu übertragende Datei auf Ihrem System ab.

Um den Termin in Outlook zu übernehmen, führen Sie folgende Schritte durch:

1. Aus dem Menü *Datei* wählen Sie den Eintrag *Importieren/Exportieren* aus.
2. Sie werden vom ersten Schritt eines Assistenten begrüßt. Markieren Sie in diesem Dialog den Eintrag *iCalendar- oder vCalendar-Datei importieren.*
3. Drücken Sie auf *Weiter* (siehe Abb. 11–6).
4. Es öffnet sich der Dateidialog. Wechseln Sie dort in das Verzeichnis, in dem Sie die gerade heruntergeladene Datei gespeichert haben.
5. Markieren Sie die Datei und drücken Sie auf *OK.*
6. Der Termin wird nun in den Kalender übernommen.

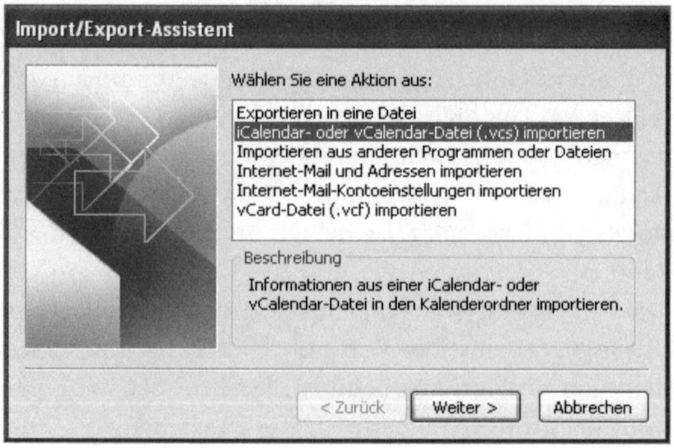

Abb. 11–6
Der erste Schritt des Assistenten in Outlook

Sie können die Datei auch einfach mit der Maus in das Outlook-Fenster Ihres Kalenders ziehen und dort loslassen. Kurz darauf erscheint die Standardmaske für einen Termin.

11.5 Einen privaten Termin anlegen

Ein privater Termin, der nur für Sie selbst gedacht ist, wird von XING als Kalendernotiz bezeichnet. Um eine solche Notiz anzulegen, klicken Sie einmal auf den Eintrag *Neuer Termin*, der sich in der Rubrik *Termine* befindet. Dieser Befehl führt Sie zunächst zu einer Zwischenseite, die ebenfalls die vier Terminarten darstellt. Hier können Sie bereits einen Titel für den Termin vergeben und mit einem Druck auf *Kalendernotiz anlegen* zu den Details des Termins gelangen.

Abb. 11–7
Entscheiden Sie sich, was für einen Termin Sie anlegen wollen.

Details eines Termins erfassen

In dieser Detailseite machen Sie alle für den Termin notwendigen Angaben. Neben dem Titel haben Sie genügend Platz, um auch eine umfangreiche Beschreibung zu hinterlegen. Legen Sie anschließend das Datum bzw. die Dauer der Veranstaltung fest. Beim Eintragen werden Sie von der Software unterstützt, sobald Sie auf die kleinen Schalter neben den Datumsfeldern klicken.

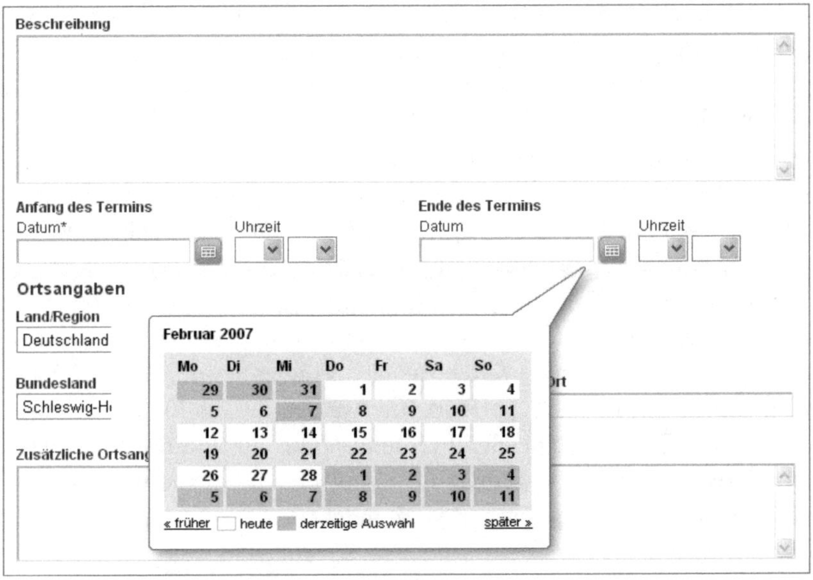

Abb. 11-8
Die Detailseite zum Termin mit eingeblendetem Kalender

Im unteren Bereich des Fensters tragen Sie nun noch die Ortsangaben ein. Diese sind optional. Mit einem Druck auf *OK* gelangen Sie zum nächsten Schritt. Hier sehen Sie die Zusammenfassung Ihrer Eingabe und aktivieren, sofern gewünscht, die Erinnerungsfunktion. Mit einem Druck auf *Speichern* schließen Sie den Vorgang ab.

Private Termine mit mehreren Teilnehmern

Neben dieser Form, sich selber einen Termin oder auch eine Aufgabe zu notieren, können Sie in XING auch einen Termin mit Mitgliedern oder externen Kontakten koordinieren. Dazu wechseln Sie in den Bereich *Termine* und führen dort das Kommando *Neuer Termin* aus. Auf der Zwischenseite entscheiden Sie sich dann für die Infobox *Privater Termin*. Der weitere Ablauf entspricht der Organisation einer öffentlichen Veranstaltung, die ich Ihnen im nachfolgenden Abschnitt vorstellen möchte.

11.6 Öffentlichen Termin anlegen

Gerade die Anbieter von Seminaren und Vortragsreihen werden die Möglichkeit, einen öffentlichen Termin bei XING zu publizieren, schnell zu schätzen wissen. Damit erhalten Sie preiswert die Chance, einer äußerst interessanten Zielgruppe Ihr Angebot zu unterbreiten. Die Terminveröffentlichung eignet sich aber ebenso gut dazu, auf eine ohnehin geplante Veranstaltung hinzuweisen, in deren Rahmen Sie ein neues Produkt oder Ihr Unternehmen vorstellen wollen.

Um einen neuen öffentlichen Termin zu publizieren, gehen Sie so vor: Wechseln Sie in den Bereich *Termine* und starten Sie die Eingabe des Termins durch Anklicken des Hyperlinks *Neuer Termin*. Auf der nachfolgenden Zwischenseite tragen Sie den Titel der Veranstaltung in das gleichnamige Feld unter *Öffentlicher Termin* ein. Drücken Sie nun auf *Öffentliche Veranstaltung organisieren*.

Sie gelangen damit zur Detailseite des Termins. Dort können Sie den Titel der Veranstaltung noch korrigieren und legen über das Listenfeld die entsprechende Kategorie fest. Tragen Sie eine Beschreibung zu dieser Veranstaltung ein. Dort beschreiben Sie die Inhalte und den Zweck des Termins. Die Beschreibung sollte die Interessenten dazu animieren, sich für eine Teilnahme zu entscheiden. Es lohnt also, sich einige Gedanken über diesen Text zu machen.

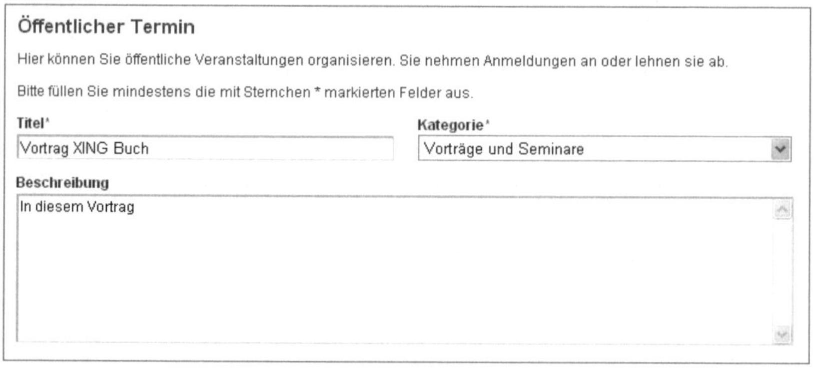

Abb. 11–9
Beschreiben Sie den Termin und legen Sie eine Kategorie fest.

Beginn und Ende des Termins festlegen

Innerhalb des nächsten Abschnitts tragen Sie den Anfang und das Ende des Termins ein. Dabei werden Sie vom System unterstützt, wenn Sie auf die kleinen Schalter neben den Feldern *Datum* klicken. Machen Sie nun noch Angaben zum Veranstaltungsort. Drücken Sie danach auf *OK*.

Abb. 11–10
Legen Sie Datum und Uhrzeit fest.

Wie sollen sich die Teilnehmer anmelden?

Damit gelangen Sie zur Bildschirmmaske, um die Details für die Anmeldung zu hinterlegen. Tragen Sie als Bevollmächtigter lediglich den Termin ein, denn wenn der Veranstalter ein anderes Unternehmen oder eine andere Person ist, können Sie dies im Feld *Abweichender Veranstalter* markieren. In diesem Dialog können die Moderatoren auch ganz einfach einen Termin für ihre Gruppe einrichten. Dazu wählen Sie die gewünschte Gruppe aus dem Listenfeld *Gruppe* aus. Der Termin wird damit automatisch zu einem Gruppenevent.

Legen Sie nun ein Datum für den Anmeldeschluss fest. Bis zu diesem Zeitpunkt können die Teilnehmer ihre Zusage noch zurückziehen. Außerdem lässt sich die Teilnehmerzahl begrenzen. Dazu nehmen Sie eine Eintragung in dem entsprechenden Feld vor. Mit den Optionen im unteren Teil des Dialogs steuern Sie, wer die Teilnehmerliste des Termins einsehen darf und in welchen Systemsprachen der Termin publiziert wird. Haben Sie Eingaben überprüft, gelangen Sie mit einem Druck auf *OK* zum nächsten Schritt (siehe Abb. 11–11).

Gäste einladen

Hier haben Sie die Möglichkeit, Mitglieder aus Ihrer Kontaktliste direkt einzuladen sowie E-Mail-Adressen zu hinterlegen, an die ebenfalls eine Einladung versendet werden soll. Sofern es sich bei Ihrem Termin um ein Event einer von Ihnen moderierten Gruppe handelt, ist die Gästeliste bereits gut gefüllt, denn dort sind schon die Gruppenmitglieder eingetragen.

Es gilt hier das Gleiche, was bereits im Zusammenhang mit privaten Nachrichten geschrieben wurde. XING reagiert empfindlich auf Spam, der über das System versendet wird. Tragen Sie also nur solche Personen ein, von denen Sie zumindest mit hoher Wahrscheinlichkeit vermuten dürfen, dass das Thema Ihrer Veranstaltung von Interesse ist. Drücken Sie auf *Fertigstellen.*

Der Termin wird damit angelegt und publiziert und taucht auch auf Ihrer Terminseite auf (siehe Abb. 11–12).

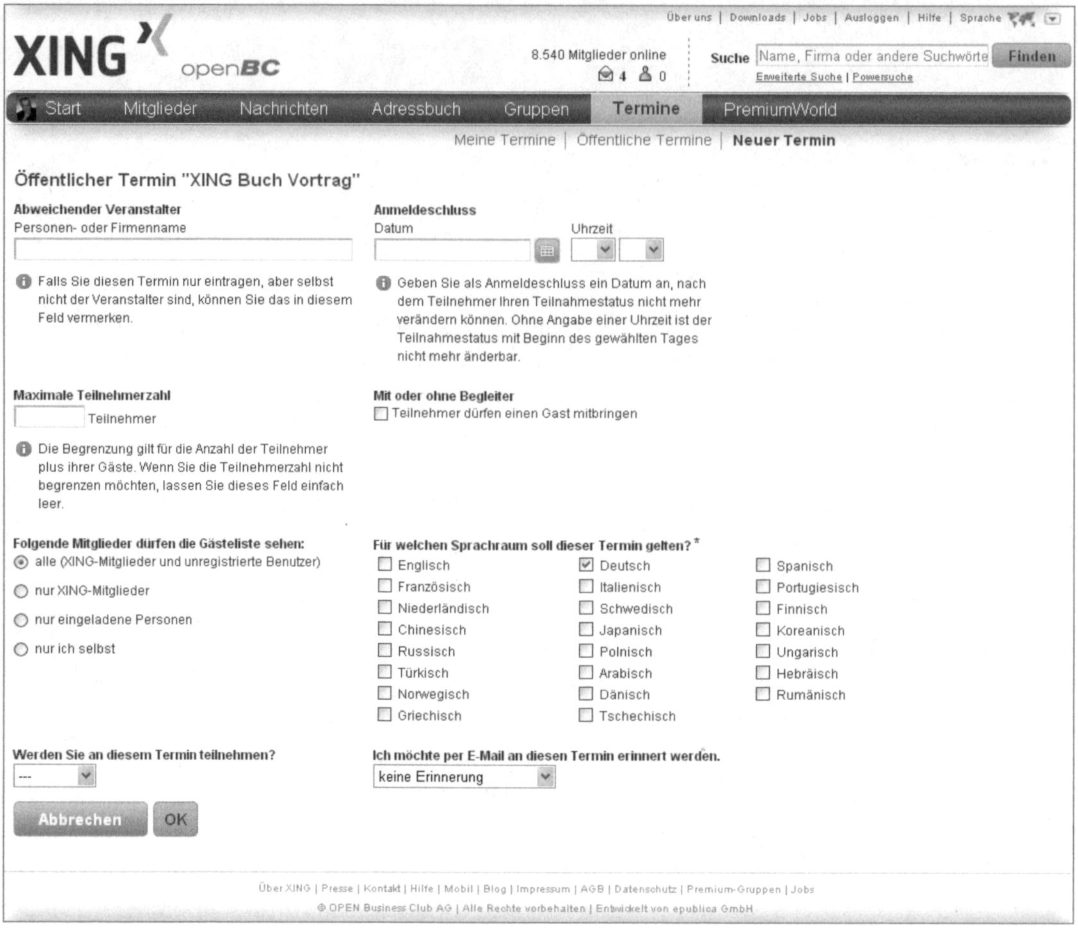

Abb. 11–11
Bis wann können sich die Teilnehmer anmelden?

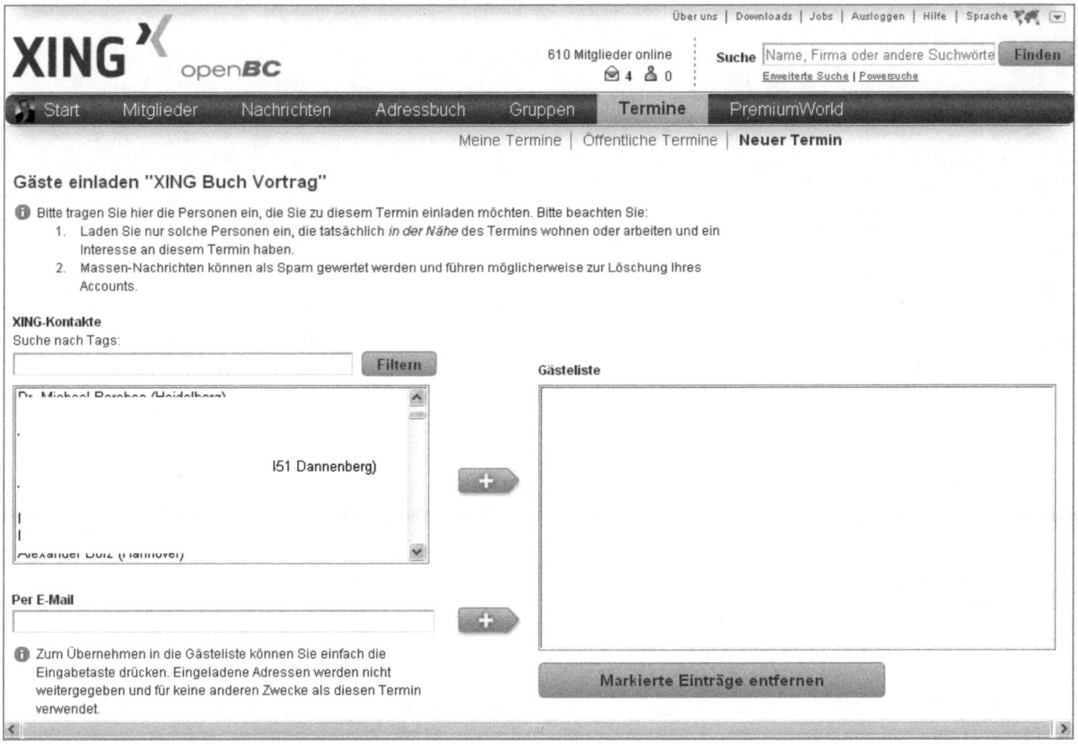

Abb. 11–12
Laden Sie andere Kontakte zum Termin ein.

11.7 Eine Telefonkonferenz einberufen

Auch an die Koordination von Telefonkonferenzen haben die Entwickler von XING gedacht. Wie Sie eine solche Besprechung organisieren, möchte ich Ihnen in diesem Beispiel zeigen.

Wechseln Sie zunächst in den Bereich *Termine*. Klicken Sie in der oberen Navigation einmal auf den Eintrag *Neuer Termin*. Sie gelangen damit zur bereits vorgestellten Zwischenseite. Tragen Sie hier den Betreff der Besprechung in das kleine Feld *Titel* ein. Drücken Sie dann auf den Schalter *Telefonkonferenz*.

Details zur Besprechung

Im nachfolgenden Dialog haben Sie ausreichend Platz, um die Details für die Veranstaltung zu hinterlegen. Unter *Beschreibung* können Sie beispielsweise die Agenda der Konferenz eintragen. Legen Sie im Dialog auch den Beginn und das Ende des Termins fest.

Tragen Sie Uhrzeit und Datum entweder direkt in die Felder ein (in den Formaten HH:MM bzw. TT.MM.JJJJ) oder lassen Sie sich dabei von XING helfen.

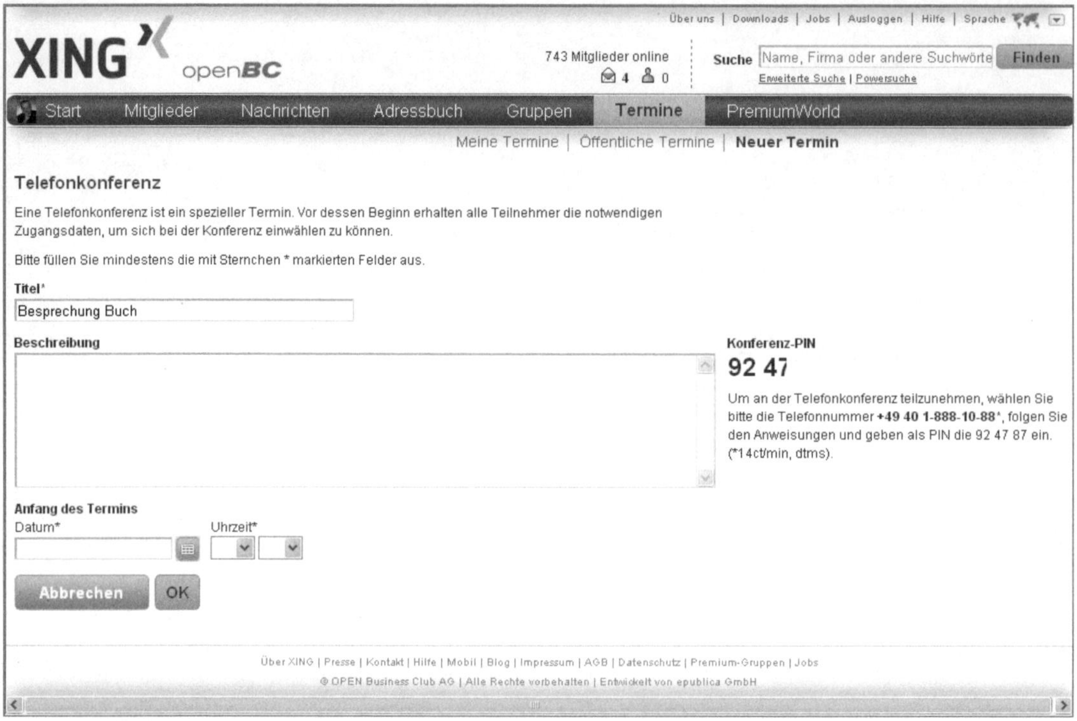

Abb. 11–13
Definieren Sie die Details Ihrer Besprechung.

Drücken Sie nun auf *OK*. Auf der nachfolgenden Seite lassen sich Informationen hinterlegen, wie etwa die Einsicht in die Teilnehmerliste oder die Eintragung eines abweichenden Veranstalternamens, wenn Sie etwa im Auftrag handeln. Haben Sie alle Angaben gemacht, drücken Sie ein weiteres Mal auf *OK*.

Teilnehmer einladen

Im oberen Bereich der Seite werden Ihnen in einem Listenfeld alle eingerichteten Kontakte angezeigt. Markieren Sie hier einen Eintrag und drücken Sie auf das Pluszeichen. Damit wird der Kontakt zur Liste der Eingeladenen auf der rechten Seite kopiert. Wiederholen Sie dies für jeden weiteren Teilnehmer.

Außerdem können Sie auch Teilnehmer außerhalb von XING einladen. Dazu müssen Sie lediglich deren Mail-Adresse in das vorgesehene Feld eintragen und ebenfalls mit einem Druck auf das Pluszeichen auf die Gästeliste setzen. Um einen Namen, der aus Versehen auf die Gästeliste gerutscht ist, wieder zu entfernen, markieren Sie den Eintrag in der *Gästeliste* und drücken auf den Schalter *Markierte Einträge entfernen*.

Zusätzlich dürfen Sie noch eine individuelle Nachricht an die Eingeladenen verfassen. Diesen Text schreiben Sie in das Feld *Nachricht*. Haben Sie alle Angaben gemacht, drücken Sie einmal auf den Schalter *Fertigstellen*.

Dadurch passiert zweierlei: Zum einen wird der Termin auf Ihre persönliche Terminübersicht übertragen, zum anderen werden die Einladungen verschickt. Nachfolgend ein Beispiel für eine Einladung, die ein Teilnehmer per E-Mail erhalten hat.

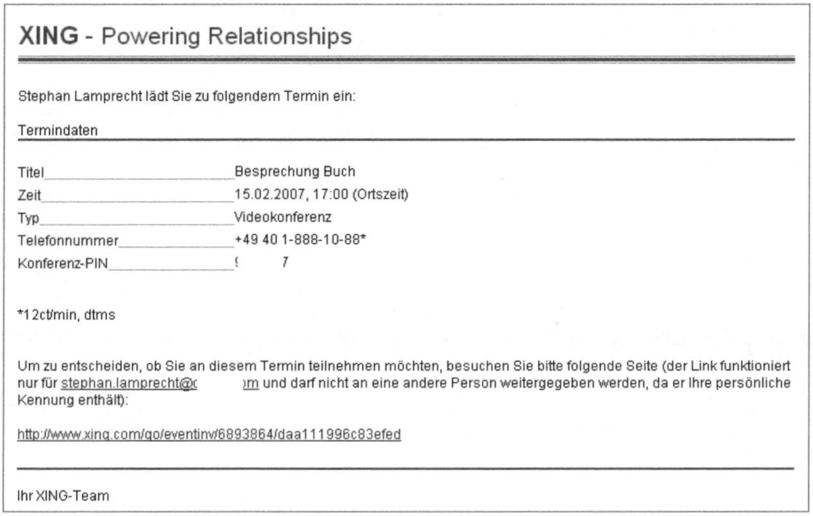
XING - Powering Relationships

Stephan Lamprecht lädt Sie zu folgendem Termin ein:

Termindaten

Titel	Besprechung Buch
Zeit	15.02.2007, 17:00 (Ortszeit)
Typ	Videokonferenz
Telefonnummer	+49 40 1-888-10-88*
Konferenz-PIN	(7

*12ct/min, dtms

Um zu entscheiden, ob Sie an diesem Termin teilnehmen möchten, besuchen Sie bitte folgende Seite (der Link funktioniert nur für stephan.lamprecht@c ɔm und darf nicht an eine andere Person weitergegeben werden, da er Ihre persönliche Kennung enthält):

http://www.xing.com/go/eventinv/6893864/daa111996c83efed

Ihr XING-Team

Abb. 11–14
Die Einladung zum Termin ist da.

Klickt der Teilnehmer auf den Link, ruft er damit eine individuelle Seite bei XING auf. Dort kann er den Termin bestätigen und sich außerdem die Details für die Nutzung in Outlook exportieren (siehe Abb. 11–15).

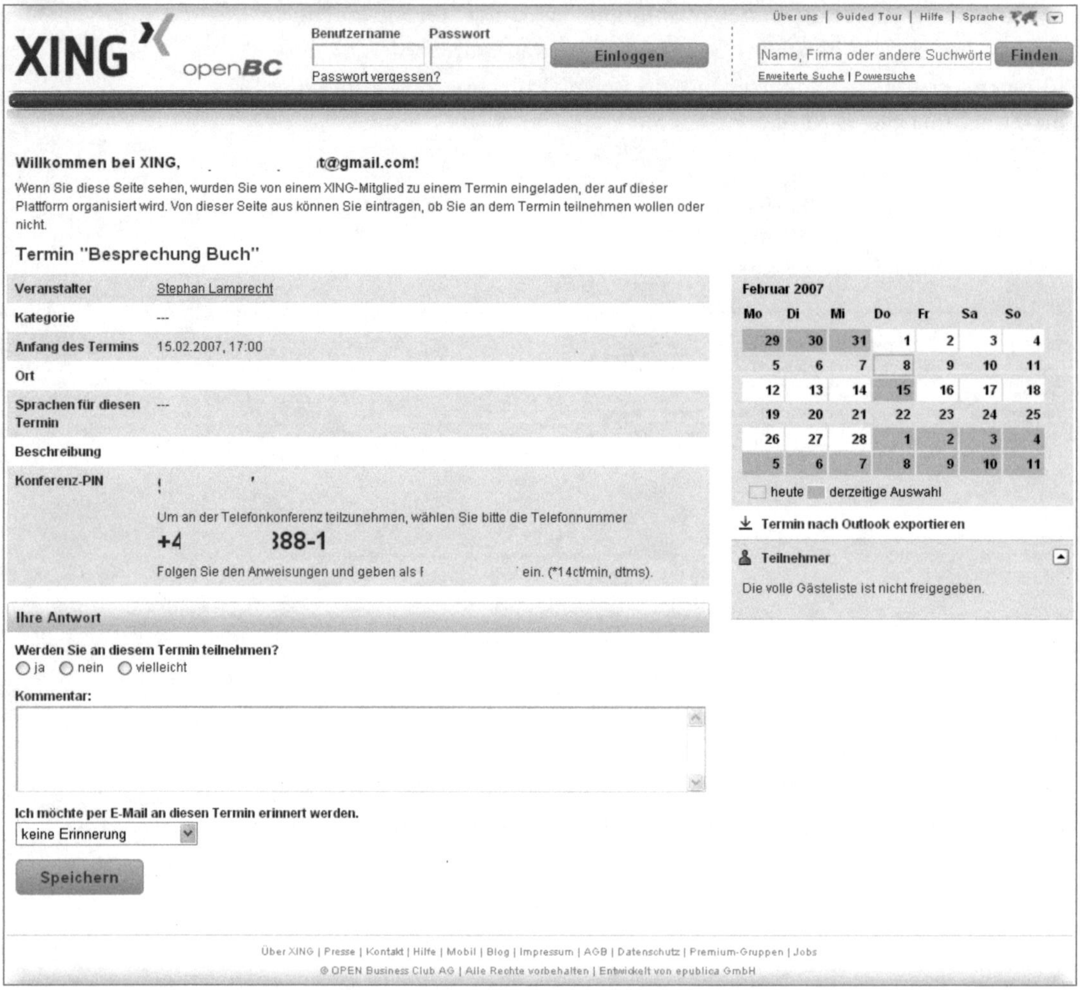

Abb. 11–15
Auf dieser Seite kann ein Teilnehmer Ihrer Einladung folgen.

11.8 Ihre Terminübersicht

Über den Bereich *Termine* können Sie sich mit einem Mausklick die Übersicht Ihrer eigenen Termine aufrufen. Dort sind Veranstaltungen und Besprechungen aufgelistet, zu denen Sie eingeladen wurden oder eingeladen haben. Die Bildschirmseite gliedert sich in zwei Bereiche. Im oberen Teil können Sie über den Schalter eine Suchfunktion einblenden.

In der zweiten Hälfte der Seite sind dann die Termine selbst aufgelistet. In der Spalte, die sich am rechten Rand der Kiste befindet, können Sie mit einem Blick sehen, welche Antwort Sie auf die Einladung gegeben haben. Bei einer von Ihnen verschickten Einladung ist in einem kleinen Informationsbereich zu sehen, wie viele Teilnehmer bereits zugesagt (kleines Häken) oder abgelehnt (rotes Kreuz) haben, unentschlossen sind und nicht geantwortet haben (Minuszeichen). Mit einem Klick auf den Betreff des Termins erreichen Sie die Details zu dieser Veranstaltung. Dort haben Sie, sofern die Anmeldefrist noch nicht verstrichen ist, auch die Möglichkeit, sich die Teilnahme noch zu überlegen. Ändern Sie dort Ihren Teilnahmestatus und vergessen Sie das Speichern nicht.

Abb. 11-16
Die Übersicht der eigenen Termine. Am rechten Rand der Status der ausgesprochenen Einladungen.

11.9 Termine bearbeiten oder absagen

Natürlich kann es immer mal wieder passieren, dass Sie einen Termin verschieben oder sogar absagen müssen. Die entsprechenden Funktionen stehen Ihnen nach der Auswahl der betreffenden Veranstaltung in der Liste Ihrer Termine zur Verfügung.

Termin verschieben

Nachdem Sie in der Liste den Termin einmal angeklickt haben, werden am rechten Bildschirmrand einige Optionen sichtbar. Eine davon lautet *Termin verschieben*. Nach Auswahl dieses Eintrags gelangen Sie zu einem neuen Dialog.

In dessen oberem Teil finden Sie die Felder, um das neue Datum und die neue Veranstaltungszeit zu notieren. Außerdem können Sie dort wieder ein Datum bestimmen, ab dem die Teilnehmer ihren Status nicht mehr ändern dürfen.

Darunter sind zwei Felder angebracht, die Ihnen genügend Platz bieten, um noch ergänzende Hinweise zu versenden, die die Verschiebung begründen. Mit einem Druck auf *Absenden* schließen Sie das Verschieben ab.

Der Termin wird unter der Rubrik *Meine Termine* bereits aktualisiert. Die Teilnehmer erhalten eine Benachrichtigung darüber, dass Sie den Termin verschoben haben. Wieder enthält die Nachricht bzw. die

E-Mail einen Link, über den man sich anmelden kann. Der Anmeldeprozess wird also noch einmal vollständig durchlaufen, so als ob der ursprüngliche Termin niemals verabredet gewesen wäre.

Termin absagen

Kann der Termin wegen Verhinderung der Teilnehmer oder aus anderen Gründen nicht stattfinden, sagen Sie ihn ab. Ebenfalls auf der rechten Seite des Bildschirms finden Sie den entsprechenden Eintrag. Mit einem Druck auf den Link wird ein Optionsfeld sichtbar, in dem Sie die Absage für die anderen Teilnehmer begründen können. Die Absage wird dann an alle Personen versendet, sofern sich diese nicht gegen den Empfang solcher Nachrichten ausgesprochen haben. Mit einem Klick auf *Bestätigen* nehmen Sie dann die Absage vor und versenden die Nachricht.

11.10 Arbeiten mit der Teilnehmerliste

Als Organisator eines Termins haben Sie den vollen Zugriff auf die Teilnehmerliste. XING stellt Ihnen einige Funktionen zur Verfügung, die Ihnen die Organisation einer Veranstaltung leichter machen.

Rundschreiben an die Teilnehmer

Im Vorfeld einer größeren Veranstaltung gibt es ja reichlich Informationen, die an die Teilnehmer verteilt werden müssen: der genaue Tagungsablauf, eine Anfahrtsbeschreibung oder im Falle einer kostenpflichtigen Veranstaltung Anweisungen zur Begleichung der Rechnung. Mit einem Mausklick schreiben Sie an die Teilnehmer eine neue Nachricht. Drücken Sie einmal auf *Ein Rundschreiben an alle Teilnehmer verfassen*. Damit erreichen Sie das Formular zum Schreiben der Nachricht.

Über die beiden Optionsschalter am oberen Rand des Fensters treffen Sie die Auswahl, ob die Mitteilung an sämtliche Teilnehmer, alle, die zugesagt haben, oder an beide Gruppen gehen soll. Haben Sie die Mitteilung fertig gestellt, senden Sie sie mit einem Druck auf *Absenden.*

Weitere Teilnehmer einladen

Wollen Sie nachträglich noch Kontakte zu der Veranstaltung einladen, erledigen Sie das ebenfalls über die Detailansicht des Termins. Lassen Sie sich also zunächst Ihre Termine anzeigen und klicken Sie auf die Beschreibung des gewünschten Termins. In der Detailansicht des Termins klicken Sie am rechten Bildschirmrand auf den Eintrag *Gäste einladen.* Damit wird ein Ihnen bereits vertrauter Dialog aufgerufen, in dessen oberem Teil Sie bequem Einträge aus Ihren Kontakten selektieren oder Kontakte per E-Mail einladen können.

Teilnehmerliste nutzen

Die auf der Plattform angebotenen Funktionen rund um Termine decken alle wesentlichen Aufgaben zur Organisation einer Veranstaltung ab. Sie können die Daten der Teilnehmer aber auch zur Weiterverarbeitung exportieren und auf Ihren Rechner herunterladen. Anstatt sich mühevoll jeden einzelnen Eintrag anzusehen, um etwa Namensschilder zu drucken, nutzen Sie stattdessen komfortabel die Seriendruckfunktion Ihrer Textverarbeitung.

Als CSV oder XML exportieren

Für den Download werden zwei Formate angeboten. Sie können sich die Liste der Teilnehmer im so genannten CSV-Format herunterladen. Hierbei werden die einzelnen Datenfelder, die zu einem Datensatz gehören, mit einem Komma getrennt. Dieses Format kann von jeder Tabellenkalkulation wie Excel oder Calc importiert und verarbeitet werden. Zusätzlich steht auch das moderne XML-Format zur Verfügung. Dieses Format kommt eher in Datenbanken zum Einsatz. Welches Format Sie nutzen, ist natürlich von der Software abhängig, die Sie einsetzen.

Um die Teilnehmerliste im CSV-Format auf Ihren Rechner zu laden, klicken Sie einmal auf den kleinen Pfeil neben *Teilnehmerliste exportieren*. Es wird damit ein zusätzlicher Bereich sichtbar, über den Sie das gewünschte Format auswählen. Wenige Augenblicke später zeigt Ihnen Ihr Browser einen Dialog an. Dort legen Sie fest, was Sie mit der Datei tun wollen. Sie können diese sofort öffnen oder aber erst auf Ihrem System speichern.

Abb. 11–17
Der Dialog, hier in Firefox, beim Download der Teilnehmerliste

Der Download der Teilnehmerliste im XML-Format verläuft identisch ab.

12 Mitglieder stellen sich vor: Siegfried Hirsch

Siegfried Hirsch ist Unternehmer und Inhaber der Firma hhs in München, die sich mit Social Software beschäftigt. Der 48-jährige Unternehmer ist im Internet auch als Blogger sehr aktiv.

Seit wann sind Sie Mitglied von XING?

Seit Januar 2004.

Im Internet werden ja einige Businessgemeinschaften angeboten. Warum haben Sie sich für XING entschieden?

Erstens hatte ich damals die Einladung von einem Freund bekommen und mich vorher eher weniger in Businessgemeinschaften engagiert. Kontakte liefen zumeist über Mailinglisten und direkte Kontakte. Allerdings sah ich die Idee, mit alten Freunden wieder Kontakt aufzunehmen, am Anfang als interessantestes Angebot. Mittlerweile denke ich aber wieder anders, da sich dort wirklich neue Kontakte aufbauen und nutzen lassen. Inzwischen ist es einfach das Adressbuch geworden, in dem meine Kontakte ihre Daten selbst aktuell halten.

Womit verdienen Sie oder Ihr Unternehmen Ihr Geld?

Wir produzieren Software im Bereich Kundenbindung via RSS für Unternehmen. Dabei ist unsere Ausrichtung vornehmlich auf »Social Software« im weitesten Sinne ausgerichtet. Kunden sind unter anderem RTL, news aktuell und Siemens.

Welche Rolle spielt XING in Ihrem Geschäft?

Wie schon oben erwähnt, nutze ich es als Adressbuch, und es ist recht praktisch, wenn man einfach jemandem sagen kann, dass man in XING ist, und darüber dann Kontakt aufnimmt. Durch das Forum »Social Software«, das ich eingerichtet habe und als Admin betreue, habe ich in drei Monaten eine Kontaktplattform in XING geschaffen, die spezielle Interessen zusammenführt und die sich dadurch natürlich auch zur Profilierung sowohl für mich selbst als auch für andere eignet.

Wofür setzen Sie XING in erster Linie ein?

Adressbuch, Suche nach neuen Kontakten, Diskussionsplattform.

Haben Sie darüber bereits neue Kunden gewonnen?

Ja.

Was schätzen Sie an XING besonders?

Die vielen Such- und Kontaktmöglichkeiten. Wenn man sich selbst einbringen will, dann hat man dort auch eine Plattform, die bereits auf Geschäftskontakte ausgerichtet ist und damit ein ideales Umfeld bietet.

Ihr Tipp für die Gestaltung der eigenen Profilseite?

Da gilt in vielerlei Hinsicht das Gleiche, was auch für eine Unternehmens-Homepage gilt. Außerdem lohnt es sich, darüber nachzudenken, was man in »Ich suche« und »Ich biete« schreibt, denn die Begriffe lassen sich per Klick nutzen. Sprich, darüber lassen sich die entsprechenden Kontakte schnell aufbauen. Ich habe den Begriff RSS beispielsweise eingetragen, und darüber werde ich dann gefunden, kann aber durch einen Klick darauf gleichzeitig auch suchen. Das heißt, man sollte die Begriffe, unter denen man gefunden werden will, über die Suche von XING abtesten, um zu sehen, was bereits an Kontakten darüber gefunden werden kann.

Haben Sie einen Tipp für die Suche nach interessanten Kontakten?

Siehe die vorherige Antwort; und natürlich mithilfe der Powersuche immer mal wieder zu schauen, wer auf die eigene Profilseite geschaut hat, und daraus ergeben sich Anknüpfungspunkte. Zusätzlich lässt sich natürlich auch die Suche in den Foren dafür verwenden. Damit sieht man sehr schnell, wer was wo schreibt, und man kann sich ein Bild machen. Das sollte man natürlich auch selbst im Hinterkopf behalten, wenn man in Foren seine eigene Meinung kundtut. Je nach Einstellung in den Foren kann man dort sowohl in der internen Suche als auch über Google gefunden werden.

Sind Sie Premium-Mitglied?

Ja.

Nehmen Sie an Gruppen teil? An welchen?

Besser präsentieren!, Business Weblogs, Corporate Communications, Information & Document Management, Open Source, XING Community München, Sicherheit, IT-Security

Ihr Lieblingsfeature bei XING?

Die Powersuche.

13 Die Startseite – Ihre Schaltzentrale

Wenn Sie sich bei XING einloggen, gelangen Sie zunächst auf Ihre persönliche Startseite, die sich weitestgehend an Ihre persönlichen Bedürfnisse anpassen lässt. Aus einem Grundbestand an Infoboxen treffen Sie Ihre eigene Auswahl.

Startseite konfigurieren

Welche Elemente Sie auf ihr sehen wollen, entscheiden Sie ganz komfortabel auf der Startseite selbst. Auf der rechten oberen Seite ist der Link *Infoboxen anpassen* angebracht. Sobald Sie darauf klicken, werden Ihnen die möglichen Optionen präsentiert.

- Wenn Sie wollen, werden Ihnen bereits auf der Startseite die fünf neuesten Mitglieder präsentiert. So erfassen Sie mit einem Blick, wer frisch zum Netzwerk gestoßen ist. Erscheint der Kontakt für Ihr Geschäft viel versprechend, können Sie einen ersten Kontakt mit einer freundlichen Willkommensnachricht herstellen.
- Ein zweiter Informationsblock stellt Ihnen in zufälliger Reihenfolge fünf Kontakte Ihrer Kontakte vor. Wenn Sie gerade einen Moment Zeit haben, können Sie hier auf Entdeckungstour gehen. Führen Sie den Link *Mehr* unter diesem Block aus, gelangen Sie zu einer Übersicht aller Kontakte Ihrer Kontakte (siehe Abb. 13–1).
- Unbedingt empfehlenswert ist, sich den Block mit den nächsten fünf Geburtstagen der eigenen Kontakte einzublenden. So erfassen Sie bereits beim Einloggen, wer als Nächstes Geburtstag hat, um eventuell eine Aktivität vorzubereiten.

  Anstehende Geburtstage anzeigen lassen
- Wenn Sie die Startseite häufig nutzen, ist die Anzeige eines Schnellsuchfeldes ganz praktisch. Damit suchen Sie einfach im Datenbestand von XING nach Vor- und Nachnamen eines Kontakts. Notwendig ist die Anzeige des Blocks aber nicht, da Sie alle Abfragen auch über den eigenen Abschnitt *Suche* ausführen können.

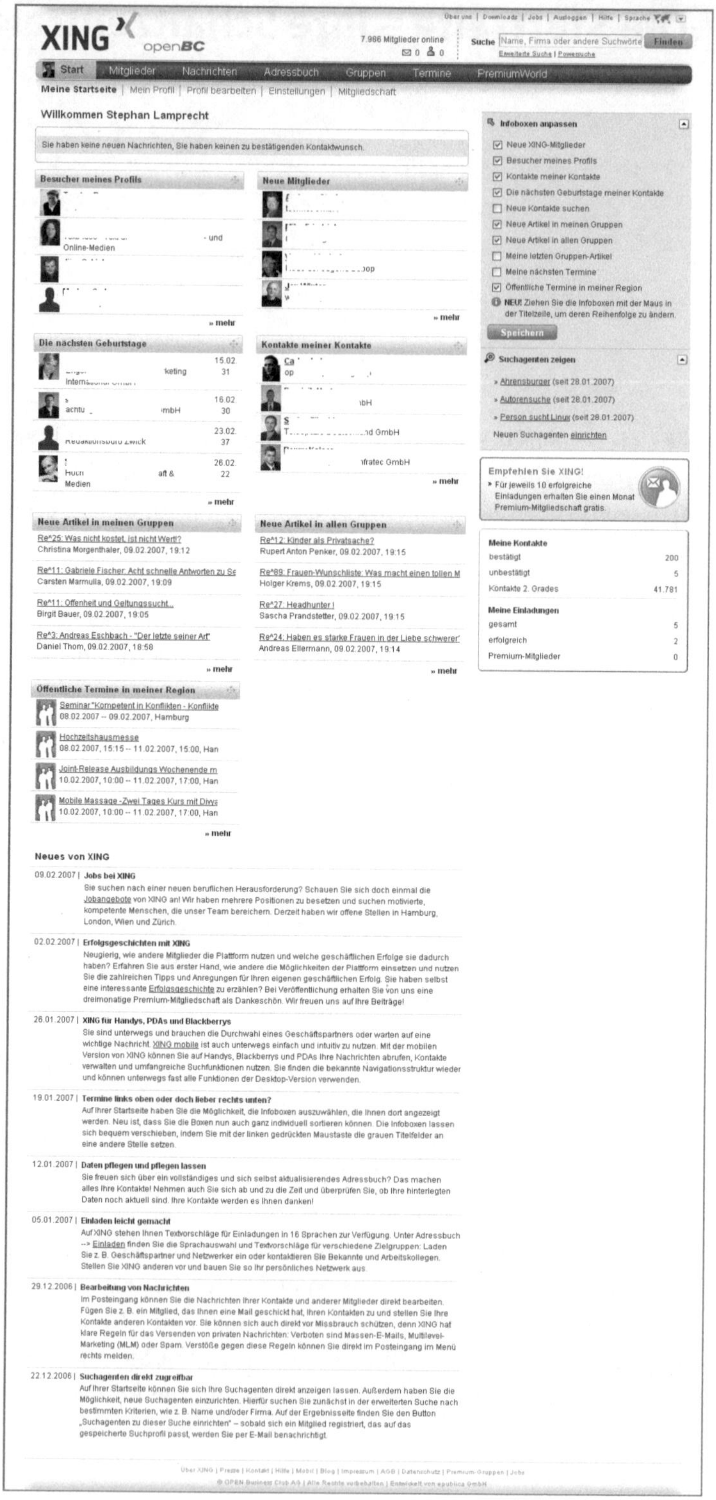

Abb. 13–1
Die Startseite nach dem Einloggen: Ihre Schaltzentrale.

- Unterhaltsam und nützlich kann die Darstellung der letzten fünf Gruppenbeiträge sein. Unter Umständen bietet sich Ihnen damit eine Option, schnell auf ein Gesprächsthema zu reagieren.
- Weniger informativ ist dagegen das Einblenden der letzten fünf eigenen Gruppenbeiträge. Da Sie den Text selbst verfasst haben, wissen Sie ja, was dort steht. Allerdings kann der Block als Erinnerung daran dienen, sich einmal wieder aktiv am Geschehen zu beteiligen.
- Die letzten beiden angebotenen Blöcke haben die Termine zum Thema. Hier können Sie sich einerseits die nächsten fünf eigenen Termine einblenden lassen und erhalten zusätzlich, wenn Sie wollen, eine Übersicht der nächsten fünf öffentlichen Termine in Ihrer Stadt. Das können Ausstellungen oder Vorträge, aber auch Mitgliedstreffen sein.

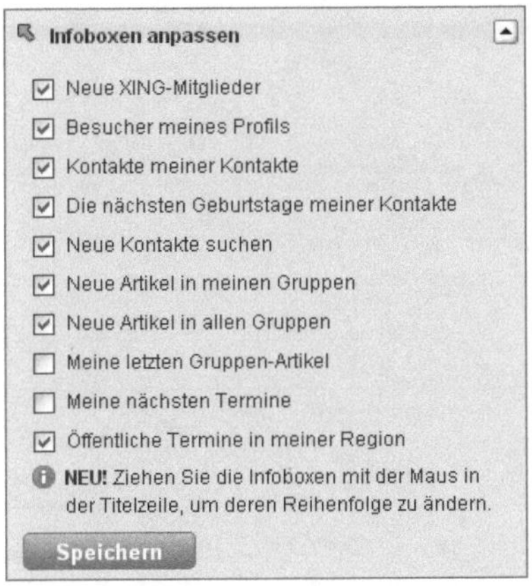

Abb. 13–2 *Konfiguration der Infoboxen*

Durch Anklicken der Optionsfelder schalten Sie die Infobox an oder aus. Mit einem Druck auf *Speichern* übernehmen Sie die Einstellungen.

Neben diesen frei wählbaren Elementen befinden sich aber auch weitere Informationen auf Ihrer Startseite. Dazu gehören etwa die regelmäßig aktualisierten Tipps von anderen Nutzern sowie die Neuigkeiten rund um XING. Das Lesen dieser Neuigkeiten lohnt sich durchaus, erfahren Sie dort doch von tollen neuen Funktionen oder wichtigen Änderungen.

Reihenfolge der Boxen einfach verschieben

Über die Optionsfelder steuern Sie, welche Infoboxen Sie gern auf der Startseite sehen wollen. Die Reihenfolge können Sie direkt mit der Maus ändern. Platzieren Sie den Mauszeiger über der Titelleiste einer Infobox, etwa *Besucher meines Profils*, ändert der Mauszeiger sein Aussehen und wird zu einem Fadenkreuz. Klicken Sie und halten Sie die Maustaste gedrückt. Durch Verschieben des Mauszeigers können Sie nun eine Box an ihre neue Position ziehen.

14 Mitglieder stellen sich vor: Nico Zorn

Nico Zorn arbeitet als Leiter für das Online-Marketing bei der artegic AG in Bonn.

Seit wann sind Sie Mitglied von XING?

Ich habe mich kurz nach dem Launch von XING im Oktober 2003 bei der Plattform angemeldet.

Im Internet werden ja einige Businessgemeinschaften angeboten. Warum haben Sie sich für XING entschieden?

Die Auswahl war zum Zeitpunkt meiner Anmeldung noch nicht so groß, zumindest waren mir keine weiteren Plattformen bekannt. Gleichzeitig hat sich XING rasend schnell in meinem Bekanntenkreis verbreitet und wurde laufend um weitere interessante Features ergänzt. Aus diesen Gründen habe ich mich auch für XING als primäre Networking-Plattform entschieden.

Womit verdienen Sie oder Ihr Unternehmen Ihr Geld?

Die artegic AG ist spezialisiert auf die Entwicklung von Methoden und Technologien für digitale Kommunikation. Dazu zählen Software-Entwicklung und -Betrieb, Kommunikationskonzepte sowie Technologielösungen aus den Bereichen E-Mail- und RSS-Marketing, Content Management und E-Training. Bei der artegic bin ich für die Vermarktung der eigenen Produkte sowie für die Beratung von Kunden im Online-Marketing-Bereich zuständig.

Welche Rolle spielt XING in Ihrem Geschäft? Wofür setzen Sie XING in erster Linie ein? Haben Sie darüber bereits neue Kunden gewonnen?

XING spielt für mich eine wichtige Rolle. In erster Linie nutze ich es, um einen ersten Kontakt zu potenziellen Partnern oder Journalisten herzustellen. Ein großer Nutzen liegt für mich auch darin, dass ich nicht mehr manuell mein Adressbuch pflegen muss, sondern automatisch Zugriff auf die aktuellen Kontaktdaten von Geschäftspartnern habe. Wir haben über XING einige Kunden gewonnen und Kontakte zu zahlreichen Geschäftspartnern aufgebaut.

Was schätzen Sie an XING besonders?

Ich finde die zahlreichen Suchfunktionen klasse – auf diesem Weg kann ich zum Beispiel vor einer Geschäftsreise Kontakt zu interessanten Personen in einer bestimmten Region aufnehmen. Hierfür ist auch die mobile Version von XING sehr praktisch (http://mobile.XING.com/). Außerdem gibt es in den Foren immer wieder spannende Diskussionen.

Ihr Tipp für die Gestaltung der eigenen Profilseite?

Die Profilseite ist für den Erfolg im Networking entscheidend: Wer lediglich nach »Kunden« sucht und »Webdesign« anzubieten hat, muss sich über mangelnde Resonanz nicht wundern. Stattdessen sollte das »Ich biete«-Feld genutzt werden, um möglichst umfassend auf die eigenen Produkte oder Dienstleistungen hinzuweisen. Dabei sollten auch unterschiedliche Bezeichnungen und Begriffe, mit denen potenzielle Kunden suchen könnten, berücksichtigt werden. Ähnliches gilt für das »Ich suche«-Feld: Wer lediglich nach »Kunden« sucht, macht sich beispielsweise für potenzielle Kooperationspartner nicht sonderlich interessant. Es macht Sinn, auch hier konkrete Begriffe, wie beispielsweise »Pressekontakte, Marketing-Literatur, Marketing-Messen« zu verwenden. Darüber hinaus werden Profilseiten mit Fotos in der Regel wesentlich häufiger angeklickt als Seiten ohne Fotos – es lohnt sich also, ein Foto hochzuladen.

Haben Sie einen Tipp für die Suche nach interessanten Kontakten?

Auch bei der Suche sollten verschiedene Produkt- oder Dienstleistungsbezeichnungen ausprobiert werden – auf diesem Weg findet man häufig wesentlich mehr interessante Kontakte.

Sind Sie Premium-Mitglied?

Ja, ich bin seit langer Zeit Premium-Mitglied und möchte auf die Premium-Features, wie beispielsweise die erweiterte Suche, nicht mehr verzichten.

Nehmen Sie an Gruppen teil? An welchen?

Ich moderiere die Internet-Marketing-Gruppe in XING unter https://www.XING.com/net/internetmarketing/. Darüber hinaus schaue ich regelmäßig bei den Gruppen »Corporate Communications« und »Journalismus & Autoren« vorbei.

Ihr Lieblingsfeature bei XING?

»Mitglieder, die meine Profilseite kürzlich aufgerufen haben« – ein Blick auf diese Seite ist immer wieder hochinteressant.

15 Ihr persönliches Profil im Detail

Alle wesentlichen Einstellungen rund um Ihre Mitgliedschaft bündelt XING zentral in einem eigenen Bereich, den Sie über den Verweis *Einstellungen* über die zweite Navigationsebene unter *Start* erreichen können.

15.1 Benachrichtigungen

Wenn es Ihrer Arbeitsweise entgegenkommt und Sie ohnehin mehr oder weniger am gleichen Rechner sitzen, spricht nichts dagegen, sich zu Beginn des Arbeitstags bei XING anzumelden und den Tag über eingeloggt zu bleiben. Am Wochenende wird das kaum möglich sein, und auch wenn Sie auf Reisen sind, werden Sie nur selten die Zeit haben, sich in XING nach Neuigkeiten umzusehen. Glücklicherweise bieten die Betreiber zahlreiche Möglichkeiten an, sich über aktuelle Ereignisse komfortabel per E-Mail informieren zu lassen. Wenn Sie Ihr Mail-Programm so eingestellt haben, dass es in regelmäßigen Abständen automatisch nach eingehender Post sucht, bleiben Sie immer auf dem Laufenden.

Benachrichtigungen sind von Gruppenabonnements unabhängig.

Von den Benachrichtigungen, die Sie über das persönliche Profil einstellen können, unabhängig sind die Nachrichten, die Sie über neue Beiträge in einzelnen Brettern einer Gruppe informieren. Diese besondere Form der Benachrichtigung stellen Sie im Umfeld der Gruppe individuell ein.

Um nun die Einstellungen zur Benachrichtigung zu bearbeiten, wechseln Sie in das Register *Benachrichtigungen*, das Sie über die *Einstellungen* erreichen.

Damit gelangen Sie zu einer übersichtlichen Bildschirmseite. Zunächst können Sie darüber steuern, ob Sie Nachrichten im HTML-

Format erhalten wollen oder das reine Textformat bevorzugen. Im Bereich unmittelbar darunter, der mit *Optionen* bezeichnet ist, aktivieren Sie den Versand einer Mail für die folgenden Fälle:

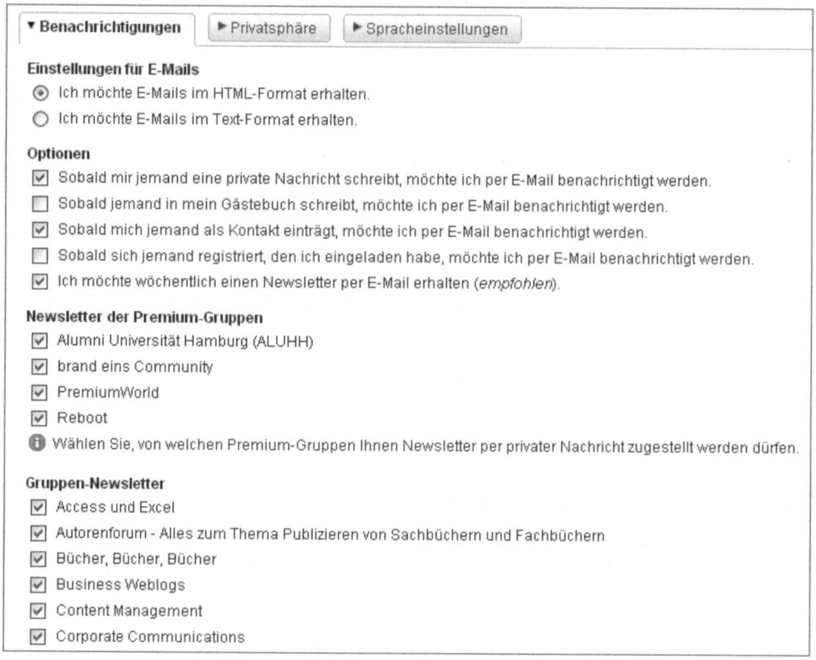

Abb. 15–1
Die Einstellungen zu Benachrichtigungen

- Es schreibt Ihnen jemand eine private Nachricht innerhalb des XING-Systems. Die Mitteilung selbst verbleibt dort in Ihrem Posteingang, an Ihren Mail-Account wird aber eine kurze Nachricht gesendet, der Sie den Absender der privaten Nachricht und deren Betreff entnehmen können.
- Ein Mitglied hinterlässt in Ihrem Gästebuch einen Eintrag.
- Eine andere Person nimmt Sie in seine Kontakte auf. Das gilt auch für den Fall, dass eine Kontaktanbahnung durch Sie bestätigt worden ist.
- Eine Person, die Sie zum Beitritt eingeladen haben, registriert sich für XING.

Wöchentliche Status-Mail

Zusätzlich zu diesen Benachrichtigungen können Sie wöchentlich eine Status-Mail erhalten, deren Abonnement ich Ihnen dringend ans Herz legen möchte. Insbesondere wenn Sie sich für eine Premium-Mitgliedschaft entschieden haben, erhalten Sie über diese Mail einige sehr nützliche Informationen:

```
=== Ihre persönlichen Statistiken ===

Zugriffe:
– Abrufe Ihrer Profilseite (letzte Woche) .................... 31
– Abrufe Profilseiten im Durchschnitt (letzte Woche) .......... 10.1
– Durchschnitt für Profilseiten mit Foto ..................... 15.2

Gästebuch & Einladungen:
– Einträge im Gästebuch (letzte Woche) ....................... 0
– Einladungen versendet (letzte Woche) ....................... 0
– davon erfolgreich .......................................... 0

To do:
– Sie haben keine neuen Nachrichten im Posteingang
– Sie haben keine neuen zu bestätigenden Kontakte
```

Sie erkennen, wie oft Ihre Profilseite aufgerufen worden ist. Als Vergleichswert erhalten Sie auch einen Durchschnittswert, wie oft Mitgliedsseiten aufgerufen werden, wenn diese mit einem Foto versehen werden.

Zugleich können Sie auch nachlesen, welches Mitglied in den letzten Tagen Ihre Profilseite besucht hat. Der Mitgliedsname ist auch gleich als Link ausgeführt, sodass Sie sich sofort informieren können, um eventuell einen neuen Kontakt zu knüpfen. Ebenfalls interessant für die Kontaktaufnahme sind die Vorschläge des XING-Systems für Sie. In diesem Abschnitt werden Ihnen Mitglieder präsentiert, die aufgrund ihres Profils für Sie persönlich interessant sein könnten.

Unterhalb der allgemeinen Optionen zu den Benachrichtigungen werden Ihnen alle Gruppen aufgelistet, in denen Sie Mitglied sind. Für jede der einzelnen Gruppen können Sie festlegen, ob Sie den möglicherweise optional angebotenen Newsletter an die Gruppenmitglieder beziehen wollen. Mit einem Druck auf *Speichern* übernehmen Sie dann die Einstellungen zur Benachrichtigung.

15.2 Die Privatsphäre

Sicherlich kennen auch Sie dieses Phänomen: Da wird man Mitglied eines interessanten Forums oder beteiligt sich öffentlich an Diskussionen im Internet, und schon überschwemmen unpassende Werbebotschaften das eigene Postfach. Als Mitglied äußern Sie in den Gruppen öffentlich Ihre Meinung, und über die Profilseite geben Sie nicht nur geschäftliche Informationen von sich preis. Wie können Sie verhindern, dass diese Informationen von Dritten für Zwecke verwendet werden, mit denen Sie sich nicht einverstanden erklären?

Natürlich ist ein »offener« Club wie XING gegen solche Versuche weniger resistent als eine völlige geschlossene Plattform, zu der nur eingeladene Mitglieder Zutritt erhalten. Nach meiner Erfahrung treffen Sie in geschlossenen Clubs meist aber immer die gleichen Leute, denn schließlich spielt in jeder Branche nur eine begrenzte Zahl an Personen eine wichtige Rolle. Gerade die Offenheit von XING macht den Reiz dieser Veranstaltung aus. Dennoch sind Sie in mehrfacher Hinsicht vor virtuellen und realen Belästigungen jeder Art geschützt.

Spam ist nicht erlaubt!

Zum einen verbietet XING in seinen Nutzungsbedingungen jegliche Form des Multilevel-Marketings innerhalb des Dienstes. Darauf werden Sie ja auch beim Versenden einer privaten Nachricht an ein Mitglied hingewiesen. Sind Sie Empfänger einer solchen offensichtlichen Werbebotschaft geworden, die so rein gar nichts mit den Inhalten Ihrer Profilseite zu tun zu haben scheint, zögern Sie nicht, das Serviceteam von XING darauf hinzuweisen. Hier sind die persönlichen Befindlichkeiten natürlich sehr unterschiedlich. Was den einen bereits stört, lässt einen anderen durchaus kalt. Ein kleines Beispiel: Vor einigen Wochen erhielt ich die Nachfrage einer Studentin, die um Unterstützung bei Ihrer Diplomarbeit bat. Die Nachricht war nicht personalisiert, und offensichtlich hatte sich die Absenderin nicht die Mühe gemacht, sich meine Profilseite genau durchzusehen, sonst hätte sie bereits vorab feststellen können, dass ich für die von ihr geplante Umfrage nicht infrage komme. Hier wollte also jemand das Netzwerk dazu benutzen, möglichst einfach und schnell an ein Umfragepanel zu gelangen. Unternommen habe ich jedoch nichts, denn schließlich war die Nachricht höflich und das Gesuch durchaus begründet formuliert.

Sie sehen auf Ihrer Profilseite immer alles – die anderen aber nicht!

Ein weiterer Hinweis, auch wenn er bereits an anderer Stelle gegeben wurde: Lassen Sie sich beim Besuch Ihrer Profilseite nicht täuschen: Da es sich um Ihre persönlichen Daten handelt, sehen Sie alle dort hinterlegten Informationen, unabhängig davon, welche Einstellungen Sie vorgenommen haben. Welchem Kontakt Sie welche Adresse und Information geben möchten, regeln Sie individuell in den Freigaben zu diesem Kontakt. Dies betrifft insbesondere die Möglichkeit, Ihre Profilseite über Suchmaschinen finden zu lassen. Hierbei werden nur einige rudimentäre Informationen von Ihnen angezeigt. So bleiben der Name Ihres Unternehmens und seine Webseite verborgen. Wer mehr wissen möchte, muss sich dann als Mitglied bei XING einloggen.

Der Bereich *Privatsphäre* Ihres Profils bündelt die Einstellungen auf einer Seite. Wechseln Sie also in die Einstellungen und markieren Sie den Eintrag *Privatsphäre*.

- *Gästebuch:*
  Wie bereits an anderer Stelle dargestellt, haben Sie die Möglichkeit, ein Gästebuch einzurichten, in dem andere Mitglieder Nachrichten hinterlassen können. Mit dieser Option schalten Sie das Gästebuch ein.
- *Aktivitäts-Index:*
  Teil der Profilseite ist der so genannte Aktivitäts-Index, der sich unmittelbar unter Ihrem Foto befindet. Das ist eine Art Kurzzusammenfassung Ihres Nutzungsverhaltens. Die Länge des dort angezeigten Balkens erlaubt Rückschlüsse darauf, wie intensiv Sie XING nutzen. Ich persönlich halte die Darstellung für unkritisch und empfinde die Darstellung gerade bei mir noch nicht bekannten Personen als sehr angenehm, da ich damit einschätzen kann, ob das Mitglied eine eventuelle Nachricht oder Kontaktanbahnung schnell bearbeiten wird oder XING eher sporadisch nutzt.

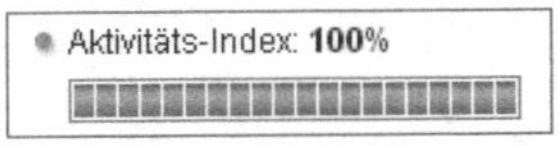

Abb. 15–2
Der Aktivitäts-Index zeigt, wie intensiv ein Mitglied den Dienst nutzt.

Möchten Sie als Kontakt vorgeschlagen werden?

- *Als Kontakt vorgeschlagen werden:*
  In der wöchentlichen Status-Mail werden Ihnen für Sie möglicherweise interessante Kontakte vorgeschlagen. Auch Sie können in den Nachrichten an andere Mitglieder als solcher Kontaktvorschlag präsentiert werden. XING tut dies aber nicht ohne Ihr Einverständnis. Erst wenn Sie die Option aktivieren, werden Sie in die Liste aufgenommen und bei den Vorschlägen berücksichtigt (siehe Abb. 15–3).
- *Mein Profil darf auch für Nicht-Mitglieder abrufbar sein*:
  Über diese Option schalten Sie die Möglichkeit ein oder aus, dass Ihr Profil auch für Nicht-Mitglieder aufgerufen werden kann. Es gilt hier das bisher Geschriebene. Nicht-Mitglieder erhalten auf diese Weise nur einen ersten rudimentären Eindruck von Ihnen. Weitergehende Informationen oder sogar Kontaktdaten sind Mitgliedern vorbehalten.

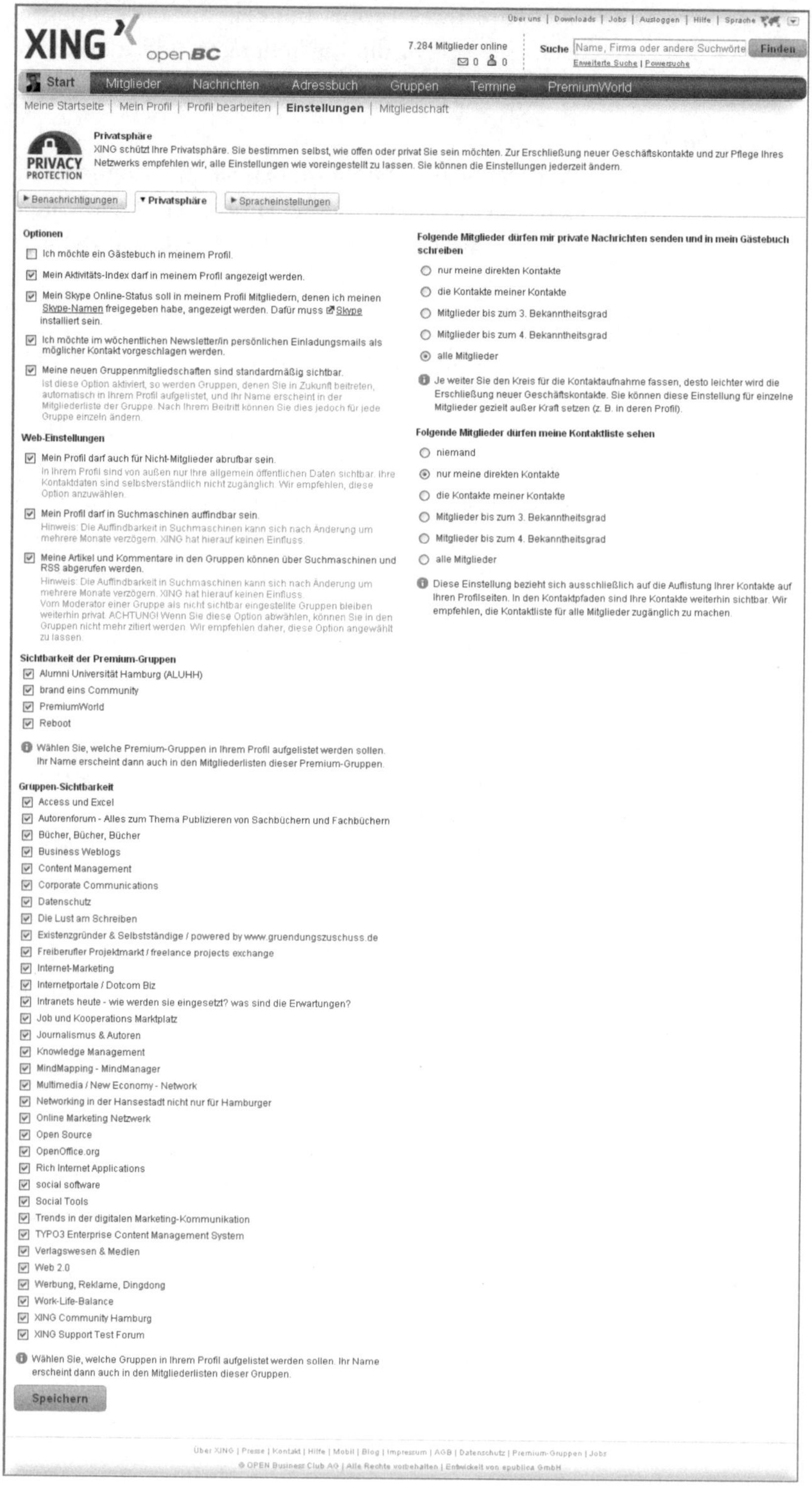

Abb. 15–3

Die umfangreichen Einstellungen rund um die Privatsphäre

- *Mein Profil darf in Suchmaschinen auffindbar sein*:
  Haben Sie diese Option aktiviert, wird etwa bei einer Google-Recherche nach Ihrem Namen Ihre Profilseite einer der Treffer sein. Damit dies funktioniert, muss es der Suchmaschine allerdings erlaubt sein, den Inhalt der Seite in seinen Index aufzunehmen. Dies können Sie mit dieser Option unterbinden. War die Einstellung bisher aktiviert, verschwindet Ihre Profilseite nicht sofort aus dem Index der Suchmaschine. Bis sie dort nicht mehr aufzufinden ist, kann es Tage, ja sogar Wochen dauern, was allerdings außerhalb des Einflussbereichs von XING liegt. Vielmehr ist dies abhängig davon, wie häufig der Suchdienst seinen Datenbestand aktualisiert.

Ihr Profil kann von Google gefunden werden, aber nur wenn Sie es wollen.

- *Meine neuen Gruppenmitgliedschaften sind standardmäßig sichtbar*:
  Diese Einstellung betrifft Gruppen, in denen Sie Mitglied werden. Haben Sie hier ein Häkchen gesetzt, erscheinen neue Gruppen automatisch auf Ihrer Profilseite. Außerdem werden Sie nach Ihrem Beitritt auf der Mitgliederseite einer Gruppe geführt. Beide Optionen können Sie jedoch später wieder korrigieren.
- *Meine Artikel und Kommentare in den Gruppen können über Suchmaschinen und RSS abgerufen werden*:
  Im Zusammenhang mit den Gruppen habe ich Ihnen die Möglichkeit gezeigt, die Beiträge einer Gruppe komfortabel in einem RSS-Feed zu abonnieren. Auch dazu müssen Sie Ihre Zustimmung geben. Hier hat die Abwahl der Option aber eine weit reichende Konsequenz: Zwar können Sie nach wie vor Beiträge in einer Gruppe schreiben oder beantworten, allerdings können die anderen Mitglieder Ihren Beitrag nicht einfach mehr zitieren. Damit erschweren Sie aber die Nutzung der Gruppe. Deswegen rate ich Ihnen, diese Option zu aktivieren.

  Unmittelbar unterhalb dieser Einstellungen sind alle Gruppen zu finden, in denen Sie Mitglied sind. Durch Abwahl des Gruppennamens passiert zweierlei: Einerseits verschwindet der Name der Gruppe von Ihrer Profilseite, andererseits Ihr Eintrag von der Mitgliederliste der Gruppe selbst.
- *Mitglieder, die Ihnen private Nachrichten senden dürfen*:
  In diesem Abschnitt können Sie steuern, wer Ihnen private Nachrichten senden darf. So ist es möglich, dass Sie dies allen Mitgliedern erlauben oder aber auf einen bestimmten Personenkreis beschränken, etwa nur Ihre unmittelbaren Kontakte.

Wer darf Ihnen private Nachrichten senden?

- *Mitglieder, die Ihre Kontakte einsehen dürfen*:
  Es macht Spaß, in den Kontakten anderer Mitglieder zu stöbern, und gerade dabei ergeben sich unter Umständen viele wertvolle neue Kontakte. Die Optionen in diesem Bereich legen genau fest, wer Ihre Verbindungen sehen darf. Möchten Sie die Kontakte in XING ausschließlich als privates Adressbuch einsetzen, können Sie hier die Sichtbarkeit der Kontakte vollständig abschalten, oder Sie beschränken die Darstellung auf Ihre unmittelbaren Kontakte. Welche Abstufung Sie hier bevorzugen, ist ganz von Ihren persönlichen Interessen abhängig und natürlich davon, wie sehr Sie befürchten, dass ein Mitbewerber Ihre Kontakte nutzen will.

Mit einem Druck auf *Speichern* übernehmen Sie die Änderungen zu Ihrer Privatsphäre.

15.3 Mitgliedschaft verwalten

Über die Einstellungen verwalten Sie auch Ihre Mitgliedschaft. So können Sie über diesen Abschnitt das Upgrade auf die Premium-Mitgliedschaft durchführen. Dazu folgen Sie einfach dem entsprechenden Link. Ihren aktuellen Mitgliedsstatus entnehmen Sie dem kleinen Icon am rechten oberen Bildschirmrand.

Im oberen Abschnitt sehen Sie, wie lange die Mitgliedschaft noch aktiv ist, und können die Bezahlinformationen oder die Rechnungsadresse ändern. Haben Sie Ihr Firmenkonto oder eine Firmenkreditkarte für die Bezahlung der Mitgliedschaft in Anspruch genommen, werden Sie für die Buchhaltung eine ausgedruckte Rechnung benötigen. Die jeweils aktuelle Rechnung wird im PDF-Format am Ende der Bildschirmseite zum Download angeboten. Auch zurückliegende Rechnungen können Sie sich über den Link *Alte Rechnungen einsehen* in Form einer Tabelle darstellen lassen.

Abb. 15–4
Über das Profil erreichen Sie auch die Übersicht Ihrer Rechnungen.

15.4 Spracheinstellungen ändern

Nach dem Wechsel in den Bereich *Einstellungen* und der Auswahl von *Spracheinstellungen* erreichen Sie einen Bereich, in dem Sie die Einstellungen für die genutzten Sprachen auf der Plattform verändern können.

Abb. 15–5
Die Einstellungen für die verwendeten Sprachen

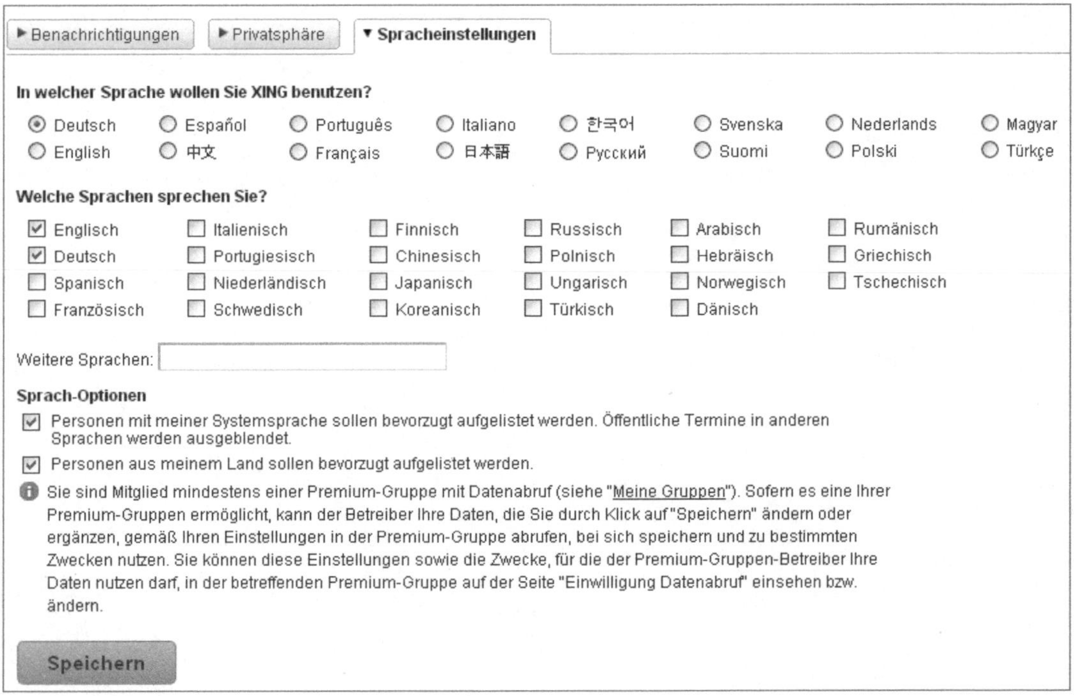

Die Einstellungen gliedern sich in drei Bereiche. Über die Optionsfelder im oberen Teil können Sie die Sprache definieren, in der die Plattform genutzt werden soll. Ändern Sie hier den Wert von *Deutsch* auf *Englisch* ab, werden alle Aktionen und Menüeinträge in englischer Sprache angezeigt. In diesem Bereich können Sie somit immer nur einen Eintrag markieren, da die Oberfläche natürlich immer nur in einer Sprache erscheinen kann.

Innerhalb des zweiten Abschnitts tragen Sie dagegen ein, welche Sprachen Sie selbst sprechen. Hierbei ist auch eine Mehrfachselektion möglich.

Wichtig in diesem Zusammenhang sind die beiden Optionen am unteren Rand. Aktivieren Sie *System soll Personen und Gruppen mit Ihrer Systemsprache bevorzugt auflisten*, werden beispielsweise öffentliche Veranstaltungen in einer abweichenden Sprache ausgeblendet. Mit dem zweiten Optionsschalter werden Kontaktvorschläge bevorzugt eingeblendet, die Ihrem Sprachraum angehören. Mit einem Druck auf *Speichern* übernehmen Sie die Änderungen.

16 Mitglieder stellen sich vor: Oliver Gorus

Oliver Gorus ist 35 Jahre alt, verheiratet und Vater dreier Kinder. Als Inhaber der Agentur Gorus arbeitet er als Literaturagent.

Seit wann sind Sie Mitglied von XING?

Seit März 2004.

Im Internet werden ja einige Businessgemeinschaften angeboten. Warum haben Sie sich für XING entschieden?

Ich habe mir verschiedene Netzwerke angeschaut, aber kein anderes ist technisch so sauber aufgesetzt, so schnell und intuitiv bedienbar, keines bietet derart viele hochqualifizierte und leicht auffindbare deutschsprachige Kontakte, keines bietet eine vergleichbar gute Integration von Foren (Gruppen) und Terminen.

Womit verdienen Sie oder Ihr Unternehmen Ihr Geld?

Wir beraten und unterstützen Autoren (Sachbuch, Fachbuch, Ratgeber) beim Publizieren: Konzeptionsberatung, Verlagsvermittlung, Manuskriptcoaching, Ghostwriting, Seminare für Autoren und mehr (http://www. gorus.de).

Welche Rolle spielt XING in Ihrem Geschäft? Wofür setzen Sie XING in erster Linie ein? Haben Sie darüber bereits neue Kunden gewonnen?

XING ist aus unserem Geschäft nicht mehr wegzudenken. Wir nutzen die Plattform, um unser Netzwerk auszubauen und zu pflegen. Wir haben darum im Herbst 2004 mit dem Autorenforum eine Gruppe gegründet, die stetig wächst und mittlerweile mehr als 1000 Mitglieder hat – alles Leute, die sich für Sach- und Fachbücher interessieren und als Autoren oder Dienstleister rund ums Buch an diesem Segment des Literaturbetriebs teilnehmen. Wir machen über XING auch auf unsere Seminare für Autoren aufmerksam. Wir gewinnen regelmäßig neue Kunden aus dem Netzwerk.

Was schätzen Sie an XING besonders?

Die große Mitgliederbasis, die Deutschsprachigkeit, die Geschwindigkeit des Seitenaufbaus, die vielen kleinen, sinnvollen Funktionen, die das Networking vereinfachen, z.B. die Funktion, mit der man einander vorstellen kann, oder die Funktion, die grafisch zeigt, über welche anderen Kontakte man mit einer bestimmten Person indirekt in Kontakt steht.

Ihr Tipp für die Gestaltung der eigenen Profilseite?

Möglichst speziell und differenziert formulieren. »Ich suche: interessante Kontakte« ist z.B. höchst langweilig und keineswegs interessant. Wie will so jemand interessante Leute für sich interessieren? Achten Sie gleichzeitig auf die Schlagwörter, unter denen Sie gefunden werden möchten.

Haben Sie einen Tipp für die Suche nach interessanten Kontakten?

In den Kontakten der eigenen Kontakte suchen.

Sind Sie Premium-Mitglied?

Ja.

Nehmen Sie an Gruppen teil? An welchen?

Ich nehme an mehreren Gruppen teil, verbringe aber die meiste Zeit in unserer eigenen Gruppe, dem Autorenforum.

Ihr Lieblingsfeature bei XING?

Die Newsletter-Funktion bei den Gruppen.

17 XING auf dem Handy nutzen

Verfügt Ihr Mobiltelefon über einen integrierten Browser und eine halbwegs vernünftige Displaygröße, können Sie die wichtigsten Funktionen von XING auch von unterwegs nutzen. Egal ob Sie nun ein Smartphone, einen PDA oder auch ein Mobiltelefon mit Internetzugang einsetzen: Jedes halbwegs moderne Gerät sollte in der Lage sein, diesen zusätzlichen Zugangsweg zu nutzen. Nach dem erfolgreichen Login werden Sie auf Ihre mobile Startseite geleitet. Rufen Sie also mobile.XING.com auf.

Nach Ihrem Login haben Sie Zugriff auf Ihre aktuelle To-do-Liste. So sehen Sie sofort, ob neue persönliche Nachrichten für Sie eingetroffen sind oder ob Sie neue Kontakte zu bestätigen haben.

Abb. 17–1
Die mobile Startseite

Über das Suchfeld können Sie schnell nach einer Person suchen – eine nützliche Möglichkeit, wenn Sie z.B. im Vorfeld eines Termins auf diese Weise versuchen, sich noch umfassender über Ihren Gesprächspartner zu informieren. Bei der Trefferliste wurde sogar an die Anzeige der Fotos der Profilseite gedacht (siehe Abb. 17–2).

Über das kleine Menü erhalten Sie zusätzlich Zugriff auf Ihre persönlichen Kontakte und Termine. Dabei werden die Standardfunktionen der Plattform berücksichtigt. Das reicht auch vollkommen aus, da

Abb. 17–2
Die Suche nach einem Kontakt, bequem von unterwegs

Sie das persönliche Adressbuch und seine Termine ja direkt mit dem Telefon abgleichen können.

Abb. 17–3
Unterwegs können Sie sich so noch vor einer Besprechung über eine Person informieren.

18 Mitglieder stellen sich vor: Christoph A. Nehring

Christoph A. Nehring wurde 1967 in Düsseldorf geboren. Nach dem BWL-Studium arbeitete er mehrere Jahre erfolgreich als Personalberater in verschiedenen Unternehmen. 2003 wagte der verheiratete Vater von zwei Söhnen den Sprung in die Selbstständigkeit und gründete das Hanseatische Personalkontor.

Seit wann sind Sie Mitglied von XING?

Seit 12/2003.

Im Internet werden ja einige Businessgemeinschaften angeboten. Warum haben Sie sich für XING entschieden?

Für XING habe ich mich entschieden, weil es die erste Business Community war, die mir auffiel. Und da die Reaktionszeit der Software so unglaublich schnell war, überzeugte mich die Plattform ...

Womit verdienen Sie oder Ihr Unternehmen Ihr Geld?

Das Hanseatische Personalkontor vermittelt Fach- und Führungskräfte aller Ebenen außer der 1. Ebene.

Welche Rolle spielt XING in Ihrem Geschäft? Wofür setzen Sie XING in erster Linie ein? Haben Sie darüber bereits neue Kunden gewonnen?

Wir sind eine klassische Personalberatung, die zur Ansprache von geeigneten Kandidaten – besonders für knifflige Positionen – XING mit Erfolg nutzt. Kunden allerdings haben sich darüber bisher nicht finden lassen. Das wundert aber nicht, denn Entscheider werden ohnehin täglich von Personalberatungen mit Angeboten bedacht, sodass dort wenig Neigung besteht, in XING auf Dienstleistersuche zu gehen. Dennoch ist die Plattform ausgesprochen hilfreich – so konnte das Hanseatische Personalkontor einen Partner über XING gewinnen und einen Kunden glücklich machen, der einen Vertriebsingenieur für Ruderblätter von Großschiffen für den asiatischen Markt brauchte.

Was schätzen Sie an XING besonders?

Ich schätze die Suchmaske und die Geschwindigkeit der Ergebnisanzeige sowie die Qualität der Ergebnisse. Wirklich klasse. Wenn wir dann gezielt Mitglieder anschreiben und ihnen Positionen vorstellen, dann erhalten wir ein unglaublich positives Feed-back. Persönlich schaue ich mir auch gerne an, wer so alles meine Profilseite besucht hat.

Ihr Tipp für die Gestaltung der eigenen Profilseite?

Ein Foto, das erkennbar sein sollte, ist sehr hilfreich.

Haben Sie einen Tipp für die Suche nach interessanten Kontakten?

–

Sind Sie Premium-Mitglied?

Ja.

Nehmen Sie an Gruppen teil? An welchen?

Ja, aber nicht wirklich aktiv. Die Zeit erlaubt es nicht.

Ihr Lieblingsfeature bei XING?

–

19 Wenn Sie einmal Hilfe benötigen

Nach der Lektüre dieses Buches haben Sie alle Bereiche von XING kennen gelernt. Von daher hoffe ich, dass die Sentenz von Brecht »So sehen wir betroffen den Vorhang zu und alle Fragen offen« für Sie nicht zutrifft. Aber naturgemäß können nicht alle Fragen beantwortet werden. Die offizielle Online-Hilfe unterstützt Sie wirklich in allen Dialogen und zu allen Funktionen, selbst wenn Sie dieses Büchlein nicht dabei haben sollten.

Die Online-Hilfe – das Kompendium

Über den Link *Hilfe* am oberen Bildschirmrand gelangen Sie zur Startseite der Hilfefunktionen. Diese gliedert sich in verschiedene Bereiche. Dort erhalten Sie einerseits Tipps zur effektiven Nutzung des Netzwerks und können auch noch einmal die Verhaltensregeln nachlesen, die im Umgang miteinander auf der Plattform gelten. Zugleich erhalten Sie damit Zugriff auf die Referenz der Funktionen. Diese ist nach den einzelnen Bereichen gegliedert.

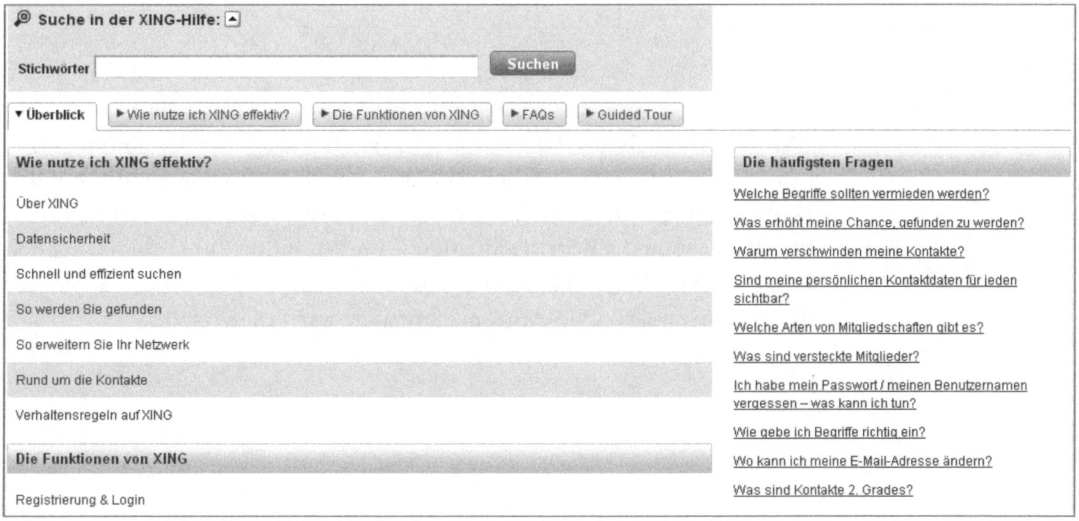

Abb. 19–1
Die Startseite der Online-Hilfe

Klicken Sie innerhalb der Übersicht auf ein Thema, verzweigt die Hilfe zur nächsten Ebene. Hier sind zu diesem Thema passende Fragen aufgelistet. Mit einem Klick auf die Frage wird die dazugehörende Antwort unmittelbar unter der Frage angezeigt.

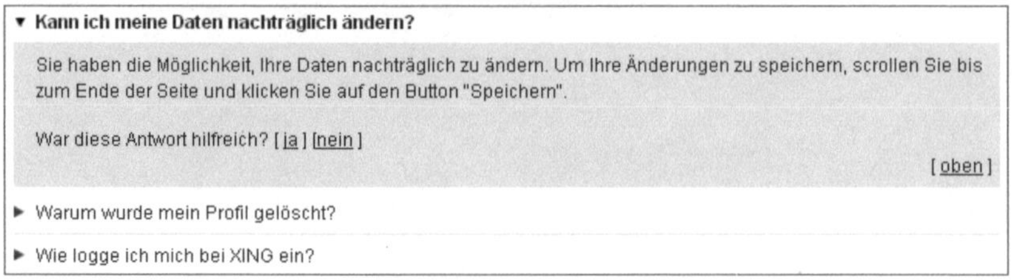

Abb. 19–2
Eine Frage und ihre Antwort im Hilfebaum.

Bewertungssystem nutzen heißt die Hilfe zu verbessern.

Beachten Sie die beiden Links unterhalb der Antwort. Hier werden Sie danach gefragt, ob die Antwort Ihre Frage zufrieden stellend beantwortet hat. Damit geben Sie den Redakteuren, die für das Schreiben der Hilfeseiten verantwortlich sind, unmittelbare Rückmeldung. Dieser Mausklick kostet Sie einen Bruchteil von Sekunden, eröffnet aber die Chance auf eine kontinuierliche Verbesserung des Systems, die Ihnen später dann ebenfalls nutzt! Nehmen Sie die Chance also wahr!

Wenn Sie den Bereich *Hilfe* aufrufen, gleicht das einem Griff zum Bücherregal, aus dem Sie eine Enzyklopädie herausgreifen. Viele Fragen werden aber unmittelbar während der Arbeit mit dem System auftauchen. Deswegen sind auf nahezu jeder Bildschirmseite Hinweise zu den verschiedenen Eingabefeldern und Optionen angebracht. Meistens dürften diese Hinweise genügen und Ihnen beim weiteren Vorgehen helfen.

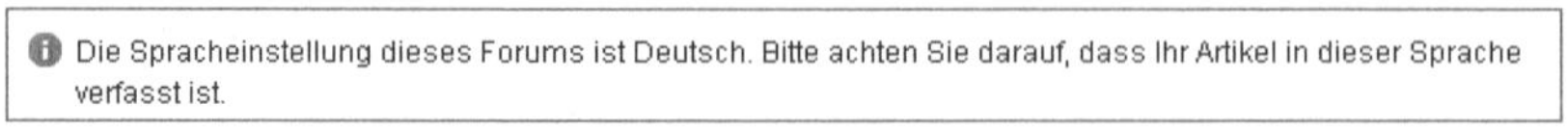

Abb. 19–3
Ein typischer Tipp auf der Plattform selbst.

Auf der Startseite der Hilfe ist im oberen Teil ein kleines Suchfeld angebracht, das mit einem Klick auf den kleinen Schalter sichtbar wird. Damit können Sie ganz gezielt weitere Informationen zu einer Funktion oder einem Begriff abrufen. Sind Inhalte zum eingetragenen Begriff vorhanden, gelangen Sie zur Trefferliste. Mit einem Klick auf einen Eintrag lesen Sie dann die Antwort zur Frage nach.

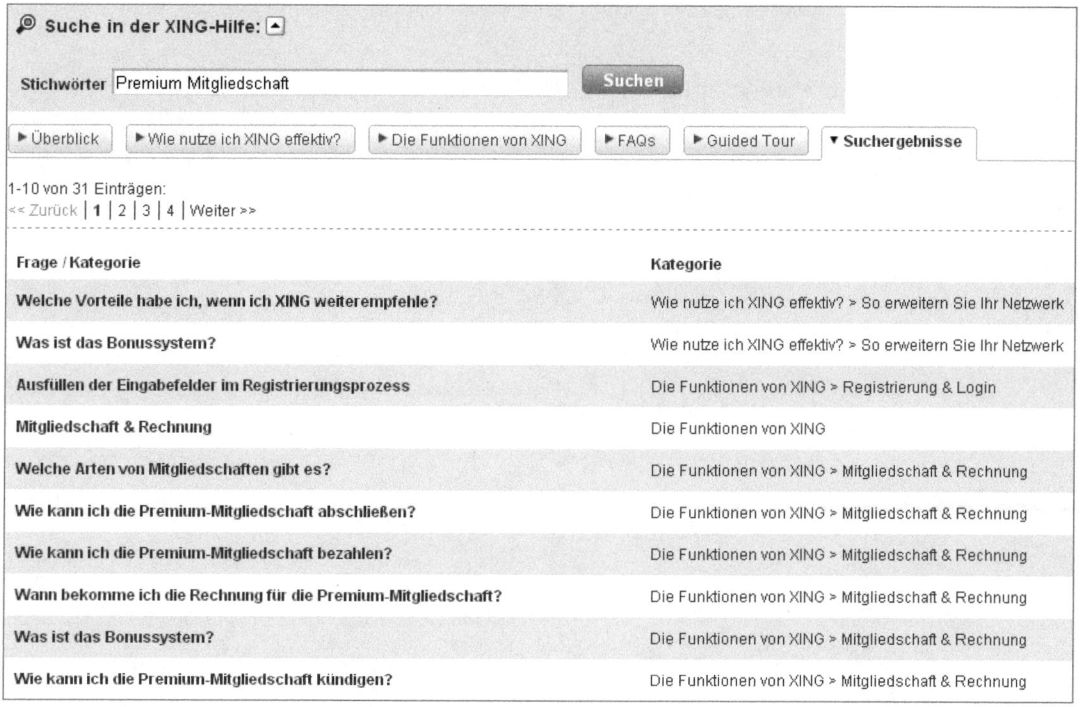
Suche in der XING-Hilfe:

Stichwörter Premium Mitgliedschaft Suchen

▸ Überblick | ▸ Wie nutze ich XING effektiv? | ▸ Die Funktionen von XING | ▸ FAQs | ▸ Guided Tour | ▾ Suchergebnisse

1-10 von 31 Einträgen:
<< Zurück | 1 | 2 | 3 | 4 | Weiter >>

Frage / Kategorie	Kategorie
Welche Vorteile habe ich, wenn ich XING weiterempfehle?	Wie nutze ich XING effektiv? > So erweitern Sie Ihr Netzwerk
Was ist das Bonussystem?	Wie nutze ich XING effektiv? > So erweitern Sie Ihr Netzwerk
Ausfüllen der Eingabefelder im Registrierungsprozess	Die Funktionen von XING > Registrierung & Login
Mitgliedschaft & Rechnung	Die Funktionen von XING
Welche Arten von Mitgliedschaften gibt es?	Die Funktionen von XING > Mitgliedschaft & Rechnung
Wie kann ich die Premium-Mitgliedschaft abschließen?	Die Funktionen von XING > Mitgliedschaft & Rechnung
Wie kann ich die Premium-Mitgliedschaft bezahlen?	Die Funktionen von XING > Mitgliedschaft & Rechnung
Wann bekomme ich die Rechnung für die Premium-Mitgliedschaft?	Die Funktionen von XING > Mitgliedschaft & Rechnung
Was ist das Bonussystem?	Die Funktionen von XING > Mitgliedschaft & Rechnung
Wie kann ich die Premium-Mitgliedschaft kündigen?	Die Funktionen von XING > Mitgliedschaft & Rechnung

Abb. 19–4

Die Ergebnisliste nach der Suchabfrage in der Online-Hilfe

20 Mitglieder stellen sich vor: Michael Lützenkirchen

Michael Lützenkirchen ist Inhaber von Whatever Mobile. Seine Firma bietet Unternehmen eine Schnittstelle zur Realisierung von Dienstleistungen in internationalen Mobilfunknetzen.

Seit wann sind Sie Mitglied von XING?

Seit Februar 2004.

Im Internet werden ja einige Businessgemeinschaften angeboten. Warum haben Sie sich für XING entschieden?

XING ist mir als eine der ersten Plattformen am Markt aufgefallen; als das Netzwerk dann noch von Freunden empfohlen wurde, war die Entscheidung getroffen.

Womit verdienen Sie oder Ihr Unternehmen Ihr Geld?

Bereitstellung einer Infrastruktur für den Betrieb von Mobilfunkdiensten, (Mobile) Application Software Providing.

Welche Rolle spielt XING in Ihrem Geschäft? Wofür setzen Sie XING in erster Linie ein? Haben Sie darüber bereits neue Kunden gewonnen?

XING hat sich für uns als elementares Vertriebs- und Recruiting-Instrument etabliert. Kunden wie GMX verdanken wir u.a. auch den Möglichkeiten des XING.

Was schätzen Sie an XING besonders?

Schnelle Infos über Personen und Funktionen in Firmen, die direkte Möglichkeit zur Ansprache von Personen z.B. auch für Recruiting, viele IT- und TK-Leute sind Mitglieder.

Ihr Tipp für die Gestaltung der eigenen Profilseite?

Je mehr Infos man hinterlegt, umso mehr Interesse kann man erwecken.

Haben Sie einen Tipp für die Suche nach interessanten Kontakten?

Das kommt darauf an, was man sucht ...

Sind Sie Premium-Mitglied?

Ja.

Nehmen Sie an Gruppen teil? An welchen?

Marktplatz Arbeit.

Ihr Lieblingsfeature bei XING?

Detaillierte Suche.

21 Die PremiumWorld

Die Entscheidung für die kostenpflichtige Premium-Mitgliedschaft ermöglicht den vollständigen Zugriff auf alle Recherche- und Kommunikationsfunktionen in XING. Wer die Plattform professionell und intensiv nutzen will, dürfte schnell von diesen Vorteilen überzeugt sein. Die Premium-Mitgliedschaft lohnt sich aber auch aus einem anderen Grund: Über den Eintrag *PremiumWorld* in der Hauptnavigation betreten Sie als Premium-Mitglied einen eigens für Sie reservierten Bereich, der voller Vorteilsangebote steckt.

Ein besonders attraktives Abonnement einer Zeitung, Preisnachlässe bei Hotelbuchungen oder auch vergünstigte Notebook-Angebote sind drin. Das Angebot für Premium-Mitglieder erweitert sich laufend und ein Besuch der PremiumWorld fördert ständig Neuigkeiten zu Tage (siehe Abb. 21–1).

Abb. 21–1
Beeindruckend die Liste der Partner der PremiumWorld mit Angeboten für Premium-Mitglieder.

Index

M

N

O

P

V

W

X

Z

Herr M. aus Hamburg hat eine ausgereifte Business-Idee.
Herr K. aus München sucht eine ausgereifte Business-Idee.
Damit Ideen nicht aneinander vorbei fliegen.
XING ist ein international führendes Business Netzwerk für Geschäftsleute und verbindet Know-How mit Know-Who. Finden Sie neue Vertriebskanäle, Kollegen und Jobs per Mausklick. XING schenkt allen, die noch nicht Mitglied sind, 2 Freimonate Premium-Mitgliedschaft: www.xing.com/premium-xing-buch. Sie sind bereits XING-Mitglied? Dann schenken Sie Ihre Freimonate doch Geschäftspartnern, Bekannten oder Freunden.
Ihr persönlicher Check-in: 2 Monate gratis Premium Mitgliedschaft bei XING
Online-Boarding unter: www.xing.com/premium-xing-buch
POWERING RELATIONSHIPS WWW.XING.COM
XING

Vanessa Diemand • Michael Mangold
Peter Weibel (Hrsg.)
TELEPOLIS
Weblogs,
Podcasting
und Video-
journalismus
Neue Medien zwischen demokratischen
und ökonomischen Potenzialen
ZKM
HEISE